KB003743

칠십에 다시
논어를 읽으며

최석기 지음

보고사
BOGOSA

책머리에

한문 공부에 한창 빠져 있을 즈음 노선생께서 『논어』를 강의하시다 무릎을 치며 열변을 토하셨는데 나는 선생의 마음을 알지 못하였다.

나는 30여 년 『논어』를 가르쳤는데 가르칠 때마다 새로운 감동이 있어 가르치며 배운다는 뜻을 절감했지만 성인의 마음은 깊이 엿보지 못하였다.

『논어』의 문장은 간결하지만 읽으면 읽을수록 더욱 새로운 깨달음을 주는 깊은 우물 같은 고전이다.

정이천(程伊川)의 말씀처럼 『논어』를 읽은 뒤 자신도 모르게 덩실덩실 춤추는 사람도 있다는데 나는 아직 그 경지에 이르지 못했다.

나이 칠십이 되는 해에 다시 『논어』를 꺼내 들고 한 문장씩 읽어 내려가니 또 새로운 맛이 느껴진다.

이 책에 실린 글은 내가 『논어』를 읽다가 조금 깨달은 것을 손 가는 대로 쓴 것이다.

이 책을 쓴 이유는 매년 『논어』를 읽으며 성인에게 한 걸음씩 다가서고 싶어서이다.

2023년 3월 1일
세종시 고운동 풍뢰정사(風雷精舍)에서 최석기가 쓰다

차례

배우고 수시로 익히면

배움은 본받고 따라하는 것
새끼 새가 어미를 보고
날개 짓을 따라 하듯이
본받으며 따라하는 것

배움은 수시로 익히는 것
새끼 새가 어미에게 배운 것을
쉬지 않고 연습하는 것처럼
잘할 때까지 익숙히 하는 것

학문은 수천 번 넘어진 뒤에
걸음을 떼는 어린 아이처럼
홀로 서는 것이기에
한량없이 기쁜 것

학문은 스스로 터득한 것을
벗과 함께 다듬어가며
독선을 버리는 것이기에
무한히 즐거운 것

배우면서 기쁨을 알지 못하면
홀로서기를 하지 못한 것

배우면서 즐거움을 알지 못하면
독선을 버리지 못한 것

홀로서기를 하고
독선을 버렸기에
알아주지 않아도 서운해 하지 않는
군자다운 사람이 되는 것

「해설」 공자가 말씀하기를 "배우고서 수시로 익히면 또한
기쁘지 아니한가. 어떤 벗이 먼 곳에서 나를 찾아오면 또한
즐겁지 아니한가. 남이 나를 알아주지 않아도 노여워하지
않으면 군자가 아니겠는가."라고 하였다.[子曰 學而時習之 不
亦說乎 有朋自遠方來 不亦樂乎 人不知而不慍 不亦君子乎](『논어』
「학이(學而)」 제1장)

　　　　배움[學]은 선각자가 하는 것을 보고 따라하며 익숙
히 하는 것이다. 새에 비유하면 어린 새끼가 어미를 따라
날개 짓을 하다가 스스로 터득하여 창공으로 날아오르는
것이다. 배움은 혼자 터득한 것만으로는 부족하니, 벗과 함
께 강론하며 공론화하지 않으면 독선에 빠지기 쉽다.

군자는 근본에 힘을 쓴다

유약(有若)은 말했다
"군자는 근본을 힘쓰니
근본이 확립되면 도가 생긴다
효도와 공경이란 것이 바로
인(仁)을 실천하는 근본이다"

근본은 나무의 뿌리
뿌리가 튼튼해야
줄기와 가지가 잘 자라
천 년을 버틸 수 있다

사람도 마찬가지
근본이 확립되어야
사람구실을 하며
사람답게 살 수 있다

공부도 마찬가지
근본이 세워져야
가지가 무성해지고
꽃을 피울 수 있다

사람의 근본이 본성에 있음을 알고

유약은 효도와 공경을 말했으니
내 마음에 근본을 확립하는 일이
학문을 하는 첫 번째 관문이다

「해설」 유자(有子: 有若)가 말씀하기를 "군자는 근본을 힘
쓰니, 근본이 확립되면 도가 생긴다. 효도와 공경이라고 하
는 것은 인을 실천하는 근본이로구나."라고 하였다.〔有子
(有若)曰 君子務本 本立而道生 孝弟也者 其爲仁之本與〕(『논어』
「학이」제2장)

효도와 공경은 식상한 말로 들릴 수 있으나, 나를
완성하는 근본이다. 부모에게 효도하는 마음, 어른에게 공
경하는 마음이 근본에 자리하고 있지 않으면 진심으로 남
을 사랑하고 대중을 위할 수 없다. 공자가 효제충신(孝悌忠
信)을 극구 강조한 이유가 바로 여기에 있다. 충신은 나의
진정성을 확보하는 일이고, 효도와 공경은 남을 공경하고
예우하는 일이다.

세 자지 성찰

노둔한 자질로 태어난 증삼(曾參)은
'남을 위해 진정성을 갖지 않았던가
벗에게 신의를 저버리지는 않았던가
배운 것을 익숙히 하지 않았던가'
라고 매일 밤 반성을 하였다
이런 성찰 하루도 거르지 않아
성인의 도를 이어 받았다

자신을 성찰하는 일
이와 같이 중요하니
나의 덕을 닦으려면
자신부터 살펴야 한다

요즘 사람들
이런 성찰이 없어
남의 허물은 잘도 캐내면서
자기 잘못은 돌아보지 못 한다

내로남불이라는 유행어
우리 모두의 민낯인데
우리는 오늘도 여전히
남의 탓이나 하고 있다

「해설」 증자(曾子: 曾參)가 말씀하기를 "나는 날마다 아래 세 가지로 나 자신을 성찰하니, 남을 위해 어떤 일을 도모하면서 진실하지 못했던가? 벗과 교유하면서 신의롭지 못했던가? 스승에게 전수 받은 것을 부지런히 익히지 않았던가?"라고 하였다.[曾子曰 吾日三省吾身 爲人謀而不忠乎 與朋友交而不信乎 傳不習乎](『논어』「학이」제4장)

'충(忠)'은 진정성이고, '신(信)'은 신의다. 하루의 일과를 마치면서 나의 진정성과 신의를 점검하는 것은 매우 의미 있는 일이며, 배운 것을 충분히 익혔는지 점검하는 것은 매우 좋은 습관이다. 하루하루 자신을 돌아보며 살피지 않고서는 인격을 완성할 수 없다. 증삼처럼 매일 자신을 성찰해야 진실하고 신의 있는 사람이 될 수 있다. 그렇게 해야 아름다운 이름을 남길 수 있다.

나와 뜻을 같이하지 않는 자를 벗하지 말라

공자는 공부하는 사람을 향해
"충(忠)과 신(信)을 위주로 하며
나와 뜻을 같이하지 않는 자를 벗하지 말며
잘못하면 고치기를 꺼리지 말라"고 가르쳤다

충(忠)은 내 마음을 진실하게 하는 것
신(信)은 진정으로 남을 대하는 것
나의 진정성과 신의를
먼저 확보하는 것이 우선이다

그 다음에는
뜻이 맞는 동지를 벗하여
배운 것을 토론하며 증진시키고
또 늘 자신을 성찰하여
잘못이 있으면 즉시 고쳐야 한다

진정성과 신의를 먼저 확립하고
동지와 토론하며 지식을 넓히고
과오를 범하면 즉시 고치는 것
이것이 바로 공부의 비결이다

「**해설**」　공자가 말씀하기를 "군자는 충신을 주로 하며, 나와 뜻을 같이하지 않은 자를 벗하지 말며, 잘못하면 고치기를 꺼리지 말라."라고 하였다.[主忠信 無友不如己者 過則勿憚改] (『논어』「학이」제8장)

　　　　군자가 되는 공부는 이렇게 해야 한다. '나와 같지 않은 자를 벗하지 말라'는 것은 '나보다 못한 사람을 벗하지 말라'는 뜻이 아니고, '나와 뜻을 같이하지 않는 자를 벗하지 말라'는 말이다. 즉 공부하는 사람이 공부에 관심이 없는 사람과는 벗하지 말라는 말이다. 그 다음에는 과오를 범하거나 실수를 하면 미봉하거나 합리화하려 하지 말고 즉시 고치라고 하였다. 그렇게 해야 합리적 사유에 도달할 수 있다. 잘못했다고 떳떳하게 말하지 못하는 사람은 결코 훌륭한 인격자가 될 수 없다. 누군가는 그것을 보고 아는 사람이 있다는 점을 생각해야 한다.

예를 행할 적에는 화和가 귀중하지만

예(禮)는 자연의 이치[天理]를
각각의 경우에 알맞게 한 제도
우리가 일상생활을 하면서
본받고 따라야 할 규범이다

화(和)는
마음이 발동하고 나서
지나치거나 치우치지 않고
중도에 맞게 한 것이다

예의 근본정신은
불경(不敬)하지 말라는
무불경(毋不敬)이고
보고 듣고 말하고 행동할 적에
희로애락의 감정을 절제한 것
그것이 바로 화(和)다

그러나 화(和)가 중한 줄만 알고
예의 근본인 공경을 잊고서
중도에만 맞추려고 한다면
이는 본말이 전도된 것이다

실용만을 중시하여 근본을 잊고
예절만을 고수하여 본질을 모르면
이치를 아는 사람이라 할 수 없으니
화(和)는 공경에서 우러나와야 한다

「**해설**」 유자(有子: 有若)가 말씀하기를 "예(禮)의 쓰임은 화
(和)가 귀중하니 선왕의 도는 이것이 아름답게 되었는지라
작은 일이건 큰일이건 이를 말미암았다. 그런데 행하지 않
아야 할 것이 있으니, 화(和)가 귀중한 것인 줄 알고서 화
만 행하고 예로써 쓰임을 절제할 줄 모르면 또한 행하는
것이 불가하다."라고 하였다.[有子(有若)曰 禮之用 和爲貴 先
王之道 斯爲美 小大由之 有所不行 知和而和 不以禮節之 亦不可
行也](『논어』「학이」 제12장)
　　　　예절은 외적인 규범이기에 세세한 절차만을 강요
하기 쉽다. 그러나 세부적인 절차만 예로 여기며 그 본질을
모르면 실제의 일을 중도에 맞게 할 수 없다. 예의 본질은
모른 채 말단적인 예절만 따지는 일은 행하지 말아야 한다.
'남의 집 제사상에 밤 놔라 대추 놔라 하지 말라'는 속담이
그것이다. 화(和)는 언제나 중(中)을 근본으로 해야 하니,
중에서 벗어나면 의미가 없다.

배우길 좋아하다

맛난 음식이나 찾아다니며 먹고
편안하게 거처하기만을 구하면
군자가 될 수 없다
군자는 도를 구하는 사람
배부르고 편안하길 추구하면
도는 새의 그림자처럼 멀어진다

배우기를 좋아하는 사람은
일은 민첩하게 하고
말은 신중히 하고서
도가 있는 분을 찾아가
자신의 시비를 바로잡아
정도에서 벗어나지 않게 한다

노나라 임금이 호학자(好學者)를 묻자
공자는 지금은 그런 사람이 없다고 하면서
"옛날 안회(顏回)가 학문을 좋아하여
노여움을 남에게 옮기지 않았고
같은 잘못을 반복하지 않았다"고 하였다

'배우기를 좋아한다'는 것은
공부를 잘한다는 말이 아니고

안회처럼 날마다 극기복례하여
자신의 기질을 변화시켜서
새로운 사람이 된다는 말이다

「해설」 공자가 말씀하기를 "도를 구하는 데 뜻을 둔 사람
으로서 식사할 적에는 배부름을 구함이 없고, 거처할 적에
는 편안함을 구함이 없으며, 일을 민첩하게 하고 말을 신중
하게 하고서, 도가 있는 사람에게 나아가 자신을 바르게
하면 배우기를 좋아하는 사람이라고 할 수 있다."라고 하였
다.[子曰 君子 食無求飽 居無求安 敏於事而愼於言 就有道而正焉
可謂好學也已](『논어』「학이」제14장)

공자는 호학자로 제자 안회(顔回)만을 인정하였다.
안회는 매일 극기복례하여 노여움을 남에게 옮기지 않고,
같은 잘못을 반복하지 않았으며, 석 달 동안 인(仁)에서 벗
어나지 않는 경지에 이르렀다. 도를 구하는 사람은 안회처
럼 늘 자신을 성찰하여 잘못을 고치고 분노를 조절할 줄
알아야 한다. 학문을 좋아한다는 것은 이처럼 자신의 기질
을 변화시켜 나가는 일이다.

절차탁마切磋琢磨

자공(子貢)이 묻기를
"가난하지만 아첨함이 없고
부유하지만 교만함이 없다면
이런 사람은 어떠합니까"라고 하니
공자가 답하기를 "그것도 괜찮지만
그것은 가난하지만 도를 즐거워하고
부유하지만 예를 좋아하는 것만 못하다"라고 했다
자공이 다시 말하기를
"시경에 절차탁마라고 하였으니
바로 이를 말하는 것이군요"라고 하니
공자가 "너는 시를 함께 말할 만하구나
지난 일을 일러주면 미래를 아는구나"라고 했다

가난하면서 아첨하지 않고
부유하면서 교만하지 않는 것은
밖으로 나를 지키는 일이고
가난하지만 도를 즐거워하고
부유하지만 예를 좋아하는 것은
안으로 나의 근본을 확립하는 일이다

절차탁마는
크게 자른 뒤 곱게 다듬어가는 것이니

외부의 유혹으로부터 자신을 지킴은 물론
내면에 근본을 세워 더 정밀히 다듬는 것이다

「**해설**」 자공이 묻기를 "가난하지만 아첨함이 없고 부유하지
만 교만함이 없다면 이런 사람은 어떻습니까?"라고 묻자,
공자가 답하시기를 "그것도 괜찮지만 그것은 가난하지만 도
를 즐거워하고 부유하지만 예를 좋아하는 것만 못하다."라
고 하였다. 자공이 "『시경』의 시에 '자른 듯하고 다듬은 듯하
며 떼어낸 듯하고 갈아낸 듯하다'고 하였는데, 그 말이 바로
이런 것을 두고 한 말이로군요."라고 하였다.[子貢曰 貧而無諂
富而無驕 何如 子曰 可也 未若貧而樂 富而好禮者也 子貢曰 詩云
如切如磋 如琢如磨 其斯之謂與](『논어』「학이」 제15장)
　　　절차탁마는 '옥이나 돌을 크게 떼어낸 뒤에 정밀하
게 다듬어간다'는 뜻이다. 마치 석상을 만들 적에 큰 돌덩
이를 떼어낸 뒤에 얼굴·몸통·팔다리를 깎아 만들고, 다시
세밀하게 눈·코·입·귀 등을 조각하는 것과 같으니, 점점
더 정밀하게 다듬어가는 것이다. 안으로 자신을 더 정밀하
게 다듬어 가야 흔들리지 않는 도덕적 주체를 확립할 수
있다.

열다섯 살에 학문에 뜻을 두었다

공자는 노년에 자신의 일생을 돌아보며
'나는 15세에 학문에 뜻을 두었다'고 술회했다

옛날 15세는 대학에 입학할 나이다
옛날 대학에 입학하여 배우는 것은
명덕(明德)을 밝히는 명명덕(明明德)과
남들을 새롭게 변화시키는 신민(新民)과
지선의 경지에 머무는 지어지선(止於至善)이다

명덕을 밝히는 일에는
이치를 알아내는 지(知)와
앎을 실천하는 행(行)이 있으니
격물(格物)과 치지(致知)는 지(知)이고
성의(誠意)·정심(正心)·수신(修身)은 행(行)이다

남들을 새롭게 변화시키는 신민은
나의 지(知)와 행(行)을 바르게 함으로써
남들이 스스로 본받고 따라하게 하는 것으로
제가(齊家)·치국(治國)·평천하(平天下)다

'신민은 말(末)이고 명명덕이 본(本)이며
천자로부터 서민에 이르기까지 모든 사람이

수신(修身)을 근본으로 한다'고 하였으니
대학에서 배우는 내용은
제가·치국·평천하가 아니라
격물·치지·성의·정심·수신이다

공자가 15세에 학문에 뜻을 두었다고 한 것은
수신하는 데 학문의 목표를 두었다는 말이다

「**해설**」　공자가 말씀하기를 "나는 15세에 학문에 뜻을 두었고, 30세에 예에 맞게 자신을 확립했고, 40세에 남의 말에 의혹하지 않았고, 50세에 천명을 알았고, 60세에 남의 말을 듣고서 귀가 순해졌고, 70세에 마음이 하고자 하는 바를 따라도 법도에서 벗어나지 않았다."라고 하였다.[子曰 吾十有五而志于學 三十而立 四十而不惑 五十而知天命 六十而耳順 七十而從心所欲不踰矩](『논어』 「위정(爲政)」 제4장) 여기서는 이 중 '지우학(志于學)'을 말한 것이다.

　　'학문에 뜻을 두다'라는 말은 '지식을 탐구하는 학자가 되겠다'는 뜻이 아니라, '수신하여 인격을 완성하는 사람이 되겠다.'는 말이다.

서른 살에 가치관을 확립하였다

공자는 말하였다
"나이 30세에 자립(自立)하였다[三十而立]"
이 '립(立)' 자를 해석하기를
'성립하다'라고 풀이하기도 하고
'자립하다'라고 풀이하기도 하지만
그 의미는 여전히 아리송하다

『논어』「태백(泰伯)」에
"시에서 호선오악의 마음을 일으키고[興於詩]
예에서 자신의 자세를 확립하고[立於禮]
음악에서 화평한 덕을 이룩한다[成於樂]"라고 했으니
바로 여기에 단서가 있다
'립(立)'은 바로 '입어예(立於禮)'를 말하니
예에 맞게 가치관을 수립하였다는 말이다

시를 통해 호선오악의 마음을 일으키고
예를 통해 몸과 마음을 단속할 줄 알고
음악을 통해 화평을 추구할 줄 아는 것
이는 학문의 차례를 말한 것이다

서른 살이 되어서도
예에 맞게 말하고 행동할 줄 모르면

가치관을 확립하지 못한 것이니
'자립한다'는 것은
울타리를 세우듯
윤리규범의 가치관을 세워
나 자신을 지킨다는 말이다

「해설」 공자가 말씀하기를 "나는 서른 살에 자립하였다."
라고 하였다.[子曰……三十而立](『논어』「위정」제4장)
　　서른 살을 '이립(而立)'이라고 하는데, '립(立)'은 '자
신의 가치관을 확립하다'는 말이다. 사람은 젊어서 윤리규
범으로 울타리를 치고서야 자신을 온전히 지킬 수 있다.
그렇지 못하면 유혹에 끌려가기 십상이다. 젊어서 윤리의
울타리를 튼튼히 설치하여 몸과 마음을 지키지 못하면 순
간의 욕망에 끌려 자신을 지키기 어렵게 된다.

마흔 살에 의혹하지 않았다

사십이불혹(四十而不惑)은
누구나 알고 있는 말이지만
나이 마흔 살이 되었다고 하여
누구나 불혹하는 것은 아니다

불혹(不惑)이란 무엇인가
의심하거나 미혹되지 않는다는 말이다
무엇을 의심하고
무엇에 미혹된다는 말인가
남의 말을 의심하고
남의 말에 미혹된다는 말이다

어째서 그런가
세상사의 당연한 이치를 알지 못해
의심하고 미혹되는 것이다
사물의 당연한 이치를 알면
의심할 것도 미혹될 것도 없다
사물의 당연한 이치란 무엇인가
사리(事理)와 물리(物理)와 도리(道理)다

사람도 자연의 일부이니
천리(天理)에 순응해야 하는데

기질에 구애되고 욕망에 가려져
자연의 이치를 망각하고 산다

인욕(人欲)이 전부가 아니고
천리(天理)가 내면에 있음을 알아
인욕을 좇지 않고 천리를 따르면
의심하지도 미혹되지 않을 것이다

「해설」 공자가 말씀하기를 "나는 마흔 살에 남의 말에 의혹하지 않았다."라고 하였다.[子曰……四十而不惑](『논어』 「위정」 제4장)

맹자는 '마흔 살에 부동심(不動心)했다'고 하였는데, 부동심이 바로 불혹이다. 마음을 동요하지 않으려면 맹자처럼 심지(心志)와 호연지기(浩然之氣)를 길러야 한다. 마흔 살이 되었다고 저절로 의혹하지 않는 것이 아니니, 사물의 당연한 이치를 알고 애써 실천하는 힘이 쌓여야 불혹할 수 있다.

쉰 살에 천명天命을 알았다

공자는 노년에 생애를 돌아보며
'나는 쉰 살에 천명을 알았다'고 하였다
'천명을 알았다'는 것 무슨 말인가
천명은 하늘이 나에게 명한 것으로
자사(子思)는 '성(性)'이라 했고
주자는 '당연한 이치'라고 했다
'쉰 살에 천명을 알았다'는 말
'쉰 살이 되어서야 비로소
하늘이 명한 본성을 알았다'는 것이니
이는 곧 당연한 이치를 궁구하여
나의 본성을 극진히 했다는 말이다

이 세상에는 얼마나 많은가
자신의 본성을 알지 못하고
당연한 이치를 알지 못하여
사이비의 말을 하는 자들이

사람으로 태어나
하늘이 부여한 본성을 모르고
세상의 당연한 이치를 모르면
봄마다 꽃을 피우는
뜰 앞의 매화나무보다

무엇이 더 낫겠는가

「**해설**」 공자가 말씀하기를 "나는 쉰 살에 천명을 알았다." 라고 하였다.[子曰……五十而知天命](『논어』 「위정」 제4장)

　　　　천명을 알면 인간의 본성을 알아 인간 존재에 대한 의미는 물론, 인간이 걸어가야 할 길도 알게 된다. 우리는 매일 '하늘이 나에게 부여한 명이 무엇일까?'를 생각하며, 하늘이 보내는 무언의 메시지를 놓치지 말아야 한다. 하늘은 사람이 살아있는 동안 끊임없이 명령을 하며 발신을 하고 있으니, 안테나를 높이 세우고 그 명령을 항상 수신해야 한다. 혹시라도 긴장을 풀고 수신을 하지 못하면 바로 날개가 부러져 추락하는 새처럼 욕망의 늪으로 빠져들게 된다.

예순 살에 귀가 순해졌다

공자는 또 말하였다
'나는 예순 살에 귀가 순해졌다'
귀가 순해졌다는 것은
남의 말을 듣고 마음으로 통달하여
의도적으로 사유하지 않아도
그 의중을 알게 되었다는 말이다

열다섯 살에 학문에 뜻을 둔 것으로부터
쉰 살에 천명을 알았다는 데까지는
나를 완성하기 위한 노력을 말하고
예순 살에 귀가 순해졌다는 것은
내가 다른 사람과
하나의 이치로 통했다는 말이다

귀가 순해졌다는 것은
새소리를 듣고서
그 마음을 알고
풀벌레소리를 듣고서
그 마음을 읽는 것과 같다
마치 종자기(鍾子期)가
거문고 소리만 듣고서도
백아(伯牙)의 마음을 안 것처럼

「**해설**」　공자가 말씀하기를 "나는 예순 살에 남의 말을 듣고서 귀가 순해졌다."라고 하였다.[子曰……六十而耳順](『논어』「위정」제4장)

　　나를 완성한 뒤에 다른 사람, 다른 생명체와 하나가 되는 것은 내가 자연과 소통하는 것이다. 나만을 완성하는 데서 그치지 않고 다른 사람, 다른 생명체와 하나로 소통하는 이치를 아는 것, 그것이 바로 나를 완성하는 일이며 나아가 남도 완성시켜주는 일이다. 그것은 '나'만을 아는 것이 아니고 '우리'라는 공동체를 이해하는 것이다.

일흔 살에는 마음이 내키는 대로 해도
법도에서 벗어나지 않았다

공자는 또 말하였다
'나는 일흔 살에 마음이 내키는 대로 해도
법도에서 벗어나지 않았다'

인위적으로 의도하거나 노력하지 않아도
이치에 저절로 적중하게 되었다는 것은
천리와 하나가 된 성인의 경지다

마음이 내키는 대로 한다는 것은
감정에 따라 말하고 행동하는 것
마음이 발해 드러난 감정이
본성에서 벗어나지 않으니
사람이 하늘과 하나가 된 것이다

사람이 하늘과 하나가 되면
인욕이 말끔하게 제거되어
물고기가 물과 하나가 된 것처럼
천리와 함께 유행하게 된다

「**해설**」 공자가 말씀하기를 "나는 일흔 살에 마음이 하고자 하는 바를 따라도 법도에서 벗어나지 않았다."라고 하였다.[子曰……七十而從心所欲不踰矩](『논어』「위정」제4장)

'종심소욕불유구'는 작용이 본체와 하나가 되어 '나'라고 하는 존재가 천지와 하나가 되는 것이다. 그래서 너와 나, 자아와 세계가 혼연일체가 되는 것이다. 이것이 바로 유학에서 말하는 '내가 하늘과 하나가 된다.'는 천인 합일(天人合一)이다. 천인합일은 부단히 인간의 길을 갈고 닦아 하늘의 도에 합하는 것이다. 걸어서 저 하늘까지 올라 가는 일이며, 걸어서 태산 정상까지 오르는 일이다. 그런데 정상에 서고 나면 더 이상 과정이 아니고, 하늘과 하나가 된 결과만이 있게 된다.

온고이지신溫故而知新

'옛것을 익숙히 하고서
새로운 것을 알아나가면
스승이 될 수 있다'는 말씀
소름 끼치도록 무섭구나

'옛것을 익숙히 한다'는 것은
전해오는 문물을 연역하여
지금의 언어로 풀이한다는 것
'새로운 것을 안다'는 것은
기왕의 지식을 바탕으로 하여
새로운 의리를 발명해 낸다는 것
스승은
나보다 먼저 이치를 깨달은 사람

'옛날의 문물을 익숙히 알고서
다시 새로운 지식을 밝혀 나가야
비로소 스승 될 자격이 있다'는 말씀
이 세상에 스승 될 사람 몇이나 될까

온고(溫故)만 하고 지신(知新)을 못해도
스승 될 자격이 없는데
이 세상에는 얼마나 많을까

온고도 못하면서 스승이 된 사람들이

「**해설**」　공자가 말씀하기를 "옛것을 익숙히 하고서 새로운 것을 알면 스승이 될 수 있다."라고 하였다.[子曰 溫故而知新 可以爲師矣](『논어』「위정」제11장)

　　　　　이는 '옛것을 익숙히 하고 새로운 것을 알면 스승이 될 수 있다'는 범상한 말이 아니고, '옛것을 익숙히 알고 나서 그것을 바탕으로 새로운 진리를 알아내야 비로소 스승이 될 자격이 있다'는 엄한 말씀이다. '옛것'은 지금까지 축적된 지식이니, 온고는 그 지식을 소화하여 자기화한 것이다. 지식을 자기화하지 못하면 앵무새와 다를 바 없다. 지식을 자기화한 뒤에는 새로운 지식을 발명해야 한다. 새로운 진리를 발명하지 못하면 스승이 될 자격이 없다. 그것은 지식을 전달하는 사람에 불과하기 때문이다. 그러니 선생노릇은 아무나 할 수 있는 것이 아니다. 이치를 터득하고 깨달은 것이 있어야 한다.

군자는 그릇이 아니다

공자는 제자들에게
'군자는 그릇이 아니다'라고 하고
총명한 제자 자공(子貢)에게는
'너는 그릇이다'라고 하였네

그릇[器]은 프레임과 같으니
그 용도 외에는 쓸모가 없다
군자는 그릇이 아니라는 말은
한 틀만을 구하지 않는다는 것

군자는 도를 구하는 사람이고
도는 보편적 이치를 말하니
군자는 보편적 이치를 구해
두루 유용하게 쓸 수 있는 사람

한 가지 재주나 기술은
두루 쓸 수가 없기 때문에
군자는 한 가지 기능만을
추구하지 않는다는 말씀

오늘날 전문직 종사자는 모두
그릇의 범주에 있는 사람들

두루 유용하게 쓰일 도를 구해
세상을 경영할 군자는 아니라네

「**해설**」 공자가 말씀하기를 "군자는 그릇이 아니다."라고
하였고[子曰 君子不器](『논어』 「위정」 제12장), 자공(子貢)에
대해서는 "너는 그릇이다."라고 하였다.[子曰 女器也](『논어』
「공야장」 제3장)

　　　　기(器)는 도(道)와 상대적인 말로 실용적인 도구를
의미한다. 군자는 한 가지 도구를 잘 다스리는 사람이 아니
라는 말은, 도를 구하는 사람이라는 말이다. 도는 인간이
걸어가야 할 마땅한 길이니, 보편적 이치를 뜻한다. 군자가
추구하는 보편적 이치는 그가 사는 세상의 모든 사람들이
공감하는 것일 뿐만 아니라, 과거와 미래의 성인들이 보아
도 긍정할 만한 이치를 말한다. 오늘날 군자가 없는 것은
도를 추구하지 않고 하나의 그릇이 되는 데 머물기 때문이
다. 옛날에는 도를 구한 사람을 현인으로 추숭했는데, 오늘
날에는 전문직 종사자만 우대하고 있다.

군자와 소인

공자는 군자와 소인을
상대적으로 말씀하셨지
"군자는 공적으로 두루 친하면서
사적으로 편당을 짓지 않는다"
"군자는 의(義)에 밝고
소인은 이(利)에 밝다"
"군자는 태연하며 교만하지 않고
소인은 교만하며 태연하지 않다"

군자는 공(公)과 의(義)를 추구하고
소인은 사(私)와 이(利)를 추구한다
자신을 소인이라 말하는 사람은 없지만
세상에는 늘 군자보다 소인이 더 많다

붕당의 시대를 산 사람들은
자신은 군자고 상대는 소인이라 했지
지금도 여전히 정치권에선
나는 맞고 너는 틀리다고 하네
그러나 역사가의 푸른 눈에는
모두 동일한 소인배로 보일뿐

「해설」　공자가 말씀하기를 "군자는 공적으로 두루 친하면서 사적으로 편당을 짓지 않고, 소인은 사적으로 편당을 지으면서 공적으로 두루 친하지 않는다."라고 하였다.[子曰 君子周而不比 小人比而不周](『논어』「위정」제14장)

　　　　군자는 덕이 있어 공정과 정의를 앞세우며, 소인은 덕이 없어 사심과 이익을 우선시한다. 그러나 군자와 소인은 확연히 구별되지 않는다. 단지 행적을 통해 그것을 알 수 있을 뿐이다. 상대방을 마구 비판하며 폄하하는 정치인들, 그들에게 과연 조금도 사적인 마음이 없을까? 국민을 자기편이라 착각하고 국민을 끌어들여 자신의 욕망을 채우려는 마음이 도사리고 있는 것은 아닐까? 오늘날 정치인 중에 과연 군자가 있을까? 눈을 씻고 찾아보아도 그런 사람은 보이지 않는다.

학문사변學問思辨

공자는 말씀하였지
"널리 배우고 자세히 캐묻고
신중히 사유하고 명확히 논변하라"

널리 배우지 않으면
하나의 사상만을 추종해
나만 옳고 남은 그르다 하니
편견과 독선을 갖지 말라는 것

배운 뒤엔 필히 문제의식을 갖고
자세히 그 의미를 캐물어야 하니
'왜'라는 물음을 던지지 않으면
그 지식은 나의 것이 아니라네

질문을 던져 답을 얻게 되면
선승의 첫 소식처럼 기쁘지만
한 소식 했다고 좋아하는 순간
바로 긴 터널 속으로 들어가네

신중히 사색하며 숙성시켜서
누구나 긍정할 수 있어야 하고
이것과 저것을 확연히 분변하여

명확히 설명할 수 있어야 하네

배우기만 하고 사유하지 않으면
터득함이 없어 앵무새처럼 되고
사유하기만 하고 배우지 않으면
독선에 빠져 우물 안 개구리 되네

「**해설**」 공자가 말씀하기를 "배우기만 하고 사유하지 않으면 터득함이 없고, 사유하기만 하고 배우지 않으면 위태롭다."라 하였고[子曰 學而不思則罔 思而不學則殆](『논어』 「위정」 제15장), 또 말씀하기를 "널리 배우고, 자세히 캐묻고, 신중히 사유하고, 명확히 논변하라."고 하였다.[子曰……博學之 審問之 愼思之 明辨之](『중용』 제20장)

    공부의 두 축은 지(知)와 행(行)이고, 다시 지(知)의 두 축은 학문(學問)과 사변(思辨)이다. 학문은 본받아 익숙히 하며 의문을 갖는 일이며, 사변은 신중히 사유하고 명확히 논변하는 일이다. 그래야 앎이 완성된다. 이 가운데 하나라도 미비하면 온전한 앎이 되지 않는다. 그래서 편견과 아집과 독선을 낳는다. 지식인들이 특히 경계할 일이다.

사람이면서 인仁하지 않으면

공자의 말씀은 참으로 무섭구나
"사람이면서 인(仁)하지 않으면
아무리 좋은 예(禮)가 있은들 무엇 하겠으며
사람이면서 인하지 않으면
아무리 좋은 음악이 있은들 무엇 하겠는가"

예와 음악은 인류가 만든 문화지만
그것은 모두 외적인 것
인(仁)은 인간의 내적 본성
성품이 진실하고 공정하지 않으면
아무리 좋은 문화가 있은들 무엇 하랴

인(仁)이란 무엇인가
사심이 눈곱만큼도 없어
진실과 공정으로 충만한 것
지혜로운 자가 이롭게 여기고
어진 자가 하나가 되는 것

인에 마음을 두면
나쁜 일을 하지 않게 되니
진실하고 공정하기 때문

공자는 말씀하였네
"인자(仁者)만이
남을 좋아할 수 있고
남을 미워할 수 있다"고

「해설」 공자가 말씀하기를 "사람이면서 인하지 않으면 예(禮)를 무엇하겠으며, 사람이면서 인하지 않으면 악(樂)을 무엇 하겠는가."라고 하였다.[子曰 人而不仁 如禮何 人而不仁 如樂何](『논어』「팔일(八佾)」제3장)

오늘날 누구나 공정(公正)을 입에 올리지만 마음에 조금이라도 사심이 있으면 공정과는 거리가 멀어진다. 공정은 진실한 마음이 충만할 때만 가능하니, 섣불리 공정을 입에 올리는 것은 위험한 일이다. 왜냐하면 그것은 자기부정이기 때문이다. 송나라 때 정자(程子)의 문하에서 공부하는 어떤 제자는 『논어』에 보이는 '인(仁)' 자를 모두 모아 수십 일 동안 궁구한 끝에 스승에게 '인(仁)은 바로 공정(公正)이 아닐까요?'라고 하니, 정자가 한참을 숙고하다가 '자네 말이 맞네.'라고 하였다. 진정으로 공정을 말하려면 공자의 마음과 정자의 마음을 알아야 한다.

사람이면서 신의가 없으면

겉으로 보면 멀쩡한 사람인데
내면을 보면 신의(信義) 없는 사람
그런 사람을 두고 공자는
'그가 무엇을 할 수 있을지
나는 모르겠다'고 했네

동력전달장치가 없으면
자동차가 굴러갈 수 없듯이
사람에게 신의가 없으면
남과 어울려 살 수가 없다

'언제 술 한 잔 하자' 하고서
평생 술을 사지 않은 것이
얼마나 많던가
'언제 밥 한 번 먹자' 하고서
평생 밥을 사지 않은 것이
얼마나 많던가
이를 식언(食言)이라 하네

신의는 인간 세상에
수레의 끌채 같은 전달 장치
신의가 없으면 이 세상에서

아무 것도 할 수가 없네

「**해설**」 공자가 말씀하기를 "사람이면서 신의가 없으면 나는 그가 할 수 있는 일이 무엇인지 모르겠다. 큰 수레에 끌채가 없으며 작은 수레에 끌채가 없으면 사람이 무엇으로 그 수레를 끌겠는가."라고 하였다.[子曰 人而無信 不知其可也 大車無輗 小車無軏 其何以行之哉](『논어』 「위정」 제22장)

　　　공자의 말씀은 참으로 무섭다. 수레에 끌채가 없으면 말[馬]을 연결할 수 없어 수레가 굴러갈 수 없듯이, 사람에게 신의가 없으면 사람 구실을 할 수 없다는 말이다. 신의는 사람과 사람이 소통하는 매개로 수레의 끌채와 같다. 동력전달장치가 없으면 자동차가 굴러갈 수 없으니, 사람이 신의가 없으면 이 세상에서 활동할 수가 없다. 신의는 사람과 사람이 소통하는 매개이며, 소통은 부모와 자식, 남편과 아내, 형과 아우 사이에서 먼저 이루어져야 한다. 소통은 나로부터 가까운 사람들과 마음을 통하는 것이다. 그것이 크고 넓어지면 세상 사람과 소통하게 된다.

그림 그리는 일은 흰 바탕을 만든 뒤에 한다

자하(子夏)가 어느 날 물었다
"예쁜 미소에 보조개도 살포시
아름다운 눈동자 흑백이 분명하네
분칠한 바탕에 채색을 하였구나'라는
시구가 있는데 무슨 뜻인가요"
공자가 답하였다
"그림 그리는 일은
흰 바탕을 만든 뒤에 한다는 뜻이다"
그 말을 들은 자하가 말하기를
"예(禮)는 뒤에 한다는 말이군요" 하니
공자가 답하였다
"나를 일으켜주는 사람은 복상(卜商)이로구나
너와는 비로소 시를 말할 수 있겠구나"

미인의 아름다운 얼굴을 노래한 시를
공자는 그림 그리는 일에 비유했는데
자하는 예를 말하였고
공자는 다시 그를 칭찬하였다
그림을 그리기 위해서는
흰 바탕의 캔버스를 먼저 준비하고
그 위에 그림을 그리고 색칠해야 한다
마찬가지로 사람에게 있어서도

본바탕을 진실하게 한 뒤에
예절에 맞게 언행을 다듬어야 한다

예절이 뒤에 하는 것이라면
먼저 해야 할 것은 무엇일까
각자 그 답을 찾아야 한다
선재동자가 소를 찾아 나선 것처럼

「**해설**」 공자가 말씀하기를 "그림 그리는 일은 흰 바탕을 만든 뒤에 하는 것이다."라고 하였다.[子曰 繪事後素 〈자하〉曰 禮後乎](『논어』「팔일」제8장)

공자는 자하가 질문한 시구도 아름다운 얼굴에 예쁜 화장을 한 것으로 본 것이니, 본질[質]과 문채[文]의 조화를 생각한 것이다. 예(禮)의 본질은 불경(不敬)하지 않는 것이니, 곧 마음을 충신(忠信)하게 하는 것이다. 세상사를 바라볼 적에 현상 그 너머의 본질을 생각하면 근원을 만나게 된다. 시선이 본질을 꿰뚫어 보아야 세상을 밝게 볼 수 있다. 본바탕이 아름다워야 하지만, 또 그 얼굴에 어울리는 화장을 해야 참다운 미인이 될 수 있다.

하늘이 선생을 목탁으로 삼으려는 것이다

공자는 천하를 주유(周遊)할 때
위(衛)나라 의(儀) 땅에 이르렀다
국경을 지키는 미관말직 봉인(封人)이
공자를 만나고자 하여 주선해주었더니
봉인이 공자를 만나고 나와 말했다
"공자께서 벼슬자리 잃으신 것을
여러분들은 어찌 걱정하신단 말입니까
세상에 도가 없어진 지 오래되었는지라
하늘이 선생을 목탁으로 삼으려는 것입니다"

목탁(木鐸)은 요령(搖鈴)과 같은 것으로
국가에서 행정명령을 전파할 때
백성들을 불러 모으던 도구이니
곧 문물을 전파한다는 의미이다

공자가 천하를 주유하게 된 것을
봉인은 하늘의 뜻이라고 생각하여
도를 전파하기 위한 걸로 보았으니
그의 안목이 여느 사람과는 다르다

무도한 세상이 극도에 달하면
도를 자임하는 사람이 나타나고

그 도가 대중의 마음에 스며들면
훗날 언젠가는 세상이 바뀐다

새로운 세상을 꿈꾸는 사람은
공자처럼 먼저 도를 구해야 한다
구도 없이 세상을 바꾸려 하면
세상을 더욱 혼란스럽게 한다

「해설」 의(儀) 땅 봉인(封人)이 밖으로 나와서 공자의 문인
들에게 말하기를 "여러분들은 어찌 공자께서 벼슬자리 잃
은 것을 걱정하십니까? 이 세상에 도가 없어진 지 오래인
지라 하늘이 장차 선생으로 하여금 목탁을 삼으려는 것입
니다."라고 하였다.[出曰 二三子 何患於喪乎 天下之無道 久矣
天將以夫子爲木鐸](『논어』「팔일」제24장)
　　공자의 제자들은 공자가 벼슬자리에서 물러난 것
을 걱정하였는데, 봉인은 세상의 무도함을 걱정하여 도를
전파하기 위한 하늘의 뜻으로 보았다. 무도한 세상에 희망
의 메시지를 전파하는 일은 이 세상에 그 무엇보다 소중하
고 큰일이니, 봉인은 이를 먼저 안 사람이다.

지혜로운 자는 인仁을 이롭게 여긴다

인자(仁者)는 인(仁)과 잠시도
떨어지지 않고 하나가 되어
물처럼 자연스럽게 흘러간다
불인자(不仁者)는 본심을 잃어버려
아무리 곤궁해고 아무리 부유해도
인(仁)에 안주하지 못하고 벗어난다

지혜로운 사람은
인(仁)이 무엇보다 소중한 줄 알아
인(仁)을 이롭게 여기며
인(仁)과 하나가 되려고 노력한다

인(仁)이
가장 소중한 것인 줄
아는 것
그것이 바로 지혜다

이런 지혜가 없는 사람은
인(仁)이 소중한 줄 몰라
결국 본심을 잃어버리기에
세상에 못하는 짓이 없다

「**해설**」　공자가 말씀하기를 "불인자는 오래도록 곤궁한 데에 처할 수 없으며, 오래도록 즐거운 데에 처할 수 없으니, 인자(仁者)는 인(仁)을 편안히 여기고, 지자(智者)는 인(仁)을 이롭게 여긴다."라고 하였다.[子曰 不仁者 不可以久處約 不可以長處樂 仁者安仁 知者利仁](『논어』「이인(里仁)」제2장)

　　　지혜[智]는 인(仁)이 나에게 무엇보다 이롭다는 것을 아는 것이다. 그래서 지(知)는 지(智)와 통용이 된다. 지혜로운 사람은 총명한 사람이 아니라, 인(仁)이 이롭다는 것을 알아 선(善)을 택하여 굳게 지킬 줄 아는 사람이다. 선을 택하여 굳게 지키기 못하면 인격자가 될 수 없다. '인을 편안히 여긴다.'는 말은 자연스럽게 인(仁)과 하나가 되는 것이다. '인을 이롭게 여긴다.'는 말은 인(仁)이 소중한 것인 줄을 알아 구해 얻으려 하는 것이다. 요즘 세상엔 인을 편안히 여기는 사람은 아예 없고, 인을 이롭게 여기는 사람도 찾아볼 수 없다.

인자仁者만이 남을 좋아할 수 있고 미워할 수 있다

공자는 말했다
"오직 인자(仁者)만이
남을 좋아할 수 있고
남을 미워할 수 있다"

왜 이런 말을 했을까
인자는 사사로운 마음이 없고
늘 공정한 마음을 유지한다
그래서 좋아하고 미워함이
언제나 이치에 합당하다

마음에 새털만큼이라도
사사로운 마음이 있으면
좋아하고 미워하는 데에
치우치고 기울임 있게 된다

아무렇지도 않게 공정을 입에 올리는
우리 시대 수많은 정치하는 사람들
그들의 마음속에 참으로
티끌만큼도 사심이 없을까

사심이 있기 때문에
나는 옳고 너는 틀렸다고
매일 싸움질이다
이런 사람들은
공정이 무엇인지 몰라
거짓말을 하는 것이다

「**해설**」 공자가 말씀하기를 "오직 인자(仁者)만이 남을 좋아
할 수 있고, 남을 미워할 수 있다."라고 하였다.[子曰 惟仁者
能好人 能惡人](『논어』「이인」제3장)

　　　남을 진정으로 좋아하고 미워할 수 있는 사람은 마
음에 사심이 조금도 없어야 한다. 그렇지 않으면 그것은
사적인 마음으로 좋아하고 미워하는 것일 뿐이다. 인(仁)은
하늘이 부여한 사람의 본성으로 희로애락애오욕의 감정에
치우치지 않는 공정 무사한 마음이다.

인仁에 뜻을 두면 악행이 없어질 것이다

지(志)는
마음이 움직인 것으로
목표가 뚜렷한 마음이다
인(仁)에 목표를 두면
인(仁)을 추구하는 일에
전념하게 될 것이니
악을 행하는 일이 없어질 것이다
그래서 우리는 청소년들에게
인을 구하는 데 마음을 두라고
늘 가르치고 타일러야 한다

예전에는 자식이 태어나면
요(堯)·순(舜) 같은 성인이 되거나
안회(顔回) 같은 현인이 되길 바라
이름 자에 그들의 이름자를 썼다
이순신(李舜臣)은
순임금의 신하 같은 사람이 되라는 뜻이고
강희안(姜希顔)은
안회 같은 사람이 되기를 바란다는 뜻이다

그런데 오늘날에는
예쁜 글자로만 이름을 지어

삶의 자부심도 주지 못하고
희망의 메시지도 주지 못한다

인(仁)에 마음을 두면
안회 같은 사람이 다시
이 세상에 나타날 것이다

「**해설**」 공자가 말씀하기를 "만일 인(仁)에 뜻을 두면 악을 행하는 일이 없을 것이다."라고 하였다.[子曰 苟志於仁矣 無惡也](『논어』「이인」제3장)

　　오늘날 '인(仁)에 마음을 두라'고 가르치는 선생은 아무도 없다. 우리가 막대한 비용을 지불하고 배우는 것은 외국어와 기능사 자격증이다. 수익이 많이 나는 것에 투자하여 돈을 좇아가고 있을 뿐이다. 그러니 눈을 씻고 찾아보아도 이 세상에 성인과 현인은 찾아볼 수 없고, 오로지 돈을 많이 벌고자 하는 사람들만 있을 뿐이다. 그러니 세도는 무너지고 풍속은 야박할 수밖에 없는 것이다.

군자가 인仁에서 이탈하면
어디서 명예를 이루겠느냐

사람이 군자가 되는 것은
본성에 순응하기 때문이다
인(仁)은 인·의·예·지를 대표하니
인에서 벗어나면 군자가 될 수 없다

공자는 이렇게 말씀하였다
"군자가 인에서 이탈하면
어디에서 명예를 이룩하겠는가
군자는 식사하는 짧은 시간에도
인에서 벗어나지 않고
아무리 급박한 때에도 인에 기필하고
위태로운 상황에서도 인에 기필한다"

이 말은 언제 어디서나
인에서 이탈하지 않고
굳게 지켜야 한다는 뜻이다
인은 보편적 이치를 뜻하니
시간적으로나 상황적으로나
아무리 어렵고 아무리 힘들어도
보편적 이치를 따라야 한다는 말이다

이렇게 해야 군자가 되어

덕을 수립할 수 있고

공을 세울 수 있고

명언을 남길 수 있다

「**해설**」　공자가 말씀하기를 "군자가 인(仁)에서 벗어나면 어디에서 명예를 이룩하겠는가. 군자는 식사를 하는 짧은 시간 동안에도 인을 어김이 없으니, 시간적으로 급박한 때에도 이에 기필하고, 위태로운 상황에서도 이에 기필한다." 라고 하였다.[君子去仁 惡乎成名 君子無終食之間違仁 造次必於 是 顚沛必於是](『논어』「이인」제5장)

　　'기필(期必)한다'는 말은 '반드시 그렇게 하기를 기약한다.'는 말이다. 인(仁)은 인·의·예·지를 대표하는 본성으로 리(理)이며, 리는 곧 자연의 이치이고 보편적 이치이다. 이치는 합리적인 것을 의미하니, 군자는 어떤 경우에도 합리적인 이치에서 벗어나지 않는다는 말이다. 도리·사리를 따르지 않으면 사사로운 술수를 쓰게 되거나 임기응변을 하게 된다. 죽어도 이 인(仁)을 놓지 않으려는 굳센 의지가 있어야 인(仁)에 가까이 다가갈 수 있다.

아침에 도를 들으면 저녁에 죽더라도 괜찮다

공자는 이렇게 말씀하였네
"아침에 도를 들으면
저녁에 죽더라도 괜찮다"

도(道)란 무엇인가
사물의 당연한 이치
당연한 이치란 무엇인가
보편적 진리이다

보편적 진리를 알지 못하면
사사로운 생각을 하게 되고
치우친 생각을 하게 되고
지나친 생각을 하게 된다

그러면
사물의 당연한 이치와 멀어져
인간이 마땅히 가야 할 길로
한 발자국도 나아갈 수 없다

세상에 도가 없어 혼란스러우면
구도의 목마름이 간절해진다
구도의 목마름이 간절하던 시대에는

도를 듣지 못하고 오래 사는 것보다
도를 듣고 올바로 살기를 바라는 것이
생사의 문제보다 더욱 절실하였다
그러니 공자의 이 말씀은
구도의 목마름이 간절하던 시대에
한 줄기 희망을 주는 메시지였다

「해설」　공자가 말씀하기를 "아침에 도를 들으면 저녁에 죽
더라도 괜찮다."라고 하였다.[子曰 朝聞道 夕死 可矣](『논어』
「이인」 제8장)

　　　　도를 들어 보편적 이치를 알게 되면 살아서는 올바
른 삶을 살게 되고, 죽을 적에도 올바른 죽음을 얻게 된다.
그러나 도를 듣지 못해 이치를 모른 채 그냥 살면 백세를
살더라도 아무런 의미가 없다. 그것은 그저 동물적 삶에
지나지 않으니, 사람이 이 세상에 태어난 의미가 별로 없는
것이다.

군자

군자(君子)란 어떤 사람인가
도를 구하는 데 뜻을 두고
스스로 덕을 닦는 사람이다

도(道)란 무엇인가
사람이 마땅히 걸어가야 할 길이다

덕(德)이란 무엇인가
도리를 깨달아 터득해
내 몸에 소유한 것이다

도를 구하는 데 뜻을 둔 군자는
자신의 주장만을 고집하지 않고
남의 의견에 무조건 반대하지 않고
오직 합리적 의리만을 따를 뿐이다

도는 마땅한 이치를 따르는 것
덕은 이 이치를 터득해 얻은 것
군자는 이 덕을 얻어 소유한 사람
그러니 공자가 말씀하신 군자는
점잖다거나 박식하다고 알려진
속인들이 말하는 학자가 아니다

「**해설**」 공자가 말씀하기를 "군자는 천하의 일에 대해 자기의 의견만을 주장하는 것도 없고, 남의 의견에 무조건 반대하는 것도 없으며 의리를 따를 뿐이다."라고 하였다.[子曰 君子之於天下也 無適也 無莫也 義之與比](『논어』「이인」 제10장)

　　　의(義)는 올바른 것이고, 객관적인 것이고, 합리적인 것이고, 마땅한 것이다. 그래서 의리도 되고 정의도 된다. 의리는 구호를 외친다고 되는 것이 아니다. 의리와 정의는 스스로 마음속에 정의로운 생각과 합리적 사유를 충만하게 채운 뒤에 생겨나는 것이다. 세상에는 자신의 주장만을 고집하는 사람이 많고, 남의 말에 귀 기울이는 사람이 극히 적다. 그런 사람은 자신만 알고 자신만 옳다고 여길 뿐이니, 합리적 사유에서 점점 멀어져 독선으로 나아갈 뿐이다.

일이관지一以貫之

공자는 증삼(曾參)에게 말씀하였지
"나의 도는 하나로 하여 그것들을 꿰뚫는다"
동학들은 무슨 말인지 몰라 멀뚱멀뚱 했는데
증삼만이 '예, 알겠습니다'라고 대답했네
공자가 나가신 뒤 동학들이 물었네
'선생께서 무슨 말씀을 하신 것인가'
증삼은 그들에게 이렇게 말했네
'선생의 도는 충(忠)·서(恕)일 뿐이네'

이 무슨 선문답인가
'일(一)'은 무엇이고
'지(之)'는 무엇인고

인심(人心)으로 말하자면
충(忠)은 내 마음의 진실한 본체이고
서(恕)는 남을 배려하는 마음의 작용
일이관지는 진심으로 남을 배려하는 것
충(忠)은 일(一)이고
지(之)는 남의 처지이고
서(恕)는 관지(貫之)라네

이치[理]로 말하자면

'일(一)'은 근원적인 리일(理一)

'지(之)'는 각기 다른 만수(萬殊)

하나의 이치를 척도로

각기 다른 현상을 살펴

꿰뚫어보는 것이 일이관지

「해설」 공자가 말씀하기를 "나의 도는 마음을 전일하게 하여 그 모든 것을 꿰뚫는다."라고 하였다.[子曰 吾道 一以貫之](『논어』「이인」제15장)

　　'일(一)'은 '하나'라는 뜻이 아니라, '마음을 전일하게 한다.'는 뜻으로, 일이관지는 '하나로써 그것을 꿰뚫는다.'는 말이 아니고, '마음을(이치를) 전일하게 하여 그 대상을 꿰뚫어본다'는 말이다. '마음을 전일하게 한다.'는 것은 마음을 진실하게 하는 충(忠)을 의미하며, 서(恕)는 자신의 진실한 마음으로 남의 마음을 미루어 헤아리는 것이다. 이는 진실하고 공평한 마음으로 사물이나 대상을 꿰뚫어본다는 말이다.

어진 이를 보면 같아지기를 생각하고

공자는 이렇게 말씀하였지
"어진 이를 보면 그와 같아지기를 생각하고
어질지 못한 사람을 보면 자신을 성찰하라"

성인이 되는 길은 멀리 있지 않으니
바로 이 한 마디 속에 다 들어있네
공자는 이 마음으로 성인이 되었으니
그것이 바로 '세 사람이 길을 가면
반드시 나의 스승이 있다'는 말씀

선한 언행을 보면
나도 그와 같이 하고자 하고
악한 언행을 보면
나에게 그런 점이 있는지를 살피니
공자는 한 명을 스승으로 삼지 않고
세상의 모든 이를 스승으로 삼았네

내가 만나는 사람은
모두 나의 스승이니
눈을 크게 뜨고 살펴보면
어린아이도 나의 스승이고
풀 한 포기 꽃 한 송이도

모두 나의 스승이 된다네

「**해설**」 공자가 말씀하기를 "어진 이를 보면 나도 그와 가
지런해지기를 사유하고, 어질지 못한 자를 보면 내 마음속
으로 그런 점을 스스로 살펴보라."라고 하였고[子曰 見賢思
齊焉 見不賢而內自省也](『논어』「이인」제17장), 또 "세 사람이
길을 갈 적에 그중에 반드시 나의 스승이 있으니, 선한 것
을 택하여 따르고, 불선한 것을 보면 자신의 잘못을 고치
라."고 하였다.[子曰 三人行 必有我師焉 擇其善者而從之 其不善
者而改之](『논어』「술이」제21장)

　　공자는 '특정한 스승[常師]이 없었다.'고 하니, 곧
모든 사람에게서 배웠다는 말이다. 세상에는 나의 스승이
넘쳐나지만 눈이 없어 찾지 못할 뿐이다. 눈을 크게 뜨고
세상을 바라보면 풀 한 포기도 꽃 한 송이도 나의 스승이
될 수 있다. 선불교에서 '부처가 무엇이냐?'고 묻자, '뜰 앞
의 잣나무[庭前栢樹子]'라고 한 것이 그것이고, '마른 똥 막
대기[乾屎橛]'라고 한 것이 그것이다. 눈에 보이고 귀에 들
리는 모든 것을 나의 스승으로 여기면 언젠가 공자를 만나
게 될 것이다.

말은 어눌하게 행동은 민첩하게

공자는 말씀하였지
"군자는 말은 어눌하게 하고
행동은 민첩하게 하려 한다"

사람들은 예나 지금이나
행동보다 말이 앞서네
말이 앞서면
허언을 하기 쉽고
식언을 하기 쉽고
광언을 하기 쉽네
옛날사람은 동상을 만들어 놓고
철사로 그 입을 꿰매놓았다네

'눌(訥)'이란 무엇인가
말을 더듬는 것이 아니고
입에서 나오려 하는 말을
침을 삼키듯 집어넣는 것
'민(敏)'이란 무엇인가
말보다 먼저 몸으로
재바르게 실천하는 것

실천이 없는 깨달음은

덕이 되지 못하기에

덕은 닦는다고 말하네

「**해설**」 공자가 말씀하기를 "군자는 말을 어눌하게 하고자
하고, 행실을 민첩하게 하고자 한다."라고 하였다.[子曰 君子
欲訥於言而敏於行](『논어』 「이인」 제24장)

　　공자는 왜 말을 삼가라고 하면서 신중히 하라는 '눌
(訥)' 자를 썼을까? 이 글자는 언(言)과 내(內)가 합쳐진 글자
로, 내(內) 자는 '안'을 의미하기도 하지만, '나오는 것을 들
이밀다'는 납(納)의 의미도 있다. 즉 눌(訥)은 말이 나오는
것을 도로 집어넣는 것이니, 입이 무거운 것을 뜻한다. 공
자는 '입이 무거운 것도 인(仁)에 근사하다'고 하였으니, 함
부로 말하지 않고 꼭 필요할 때만 말하는 사람이 군자다.
덕을 닦는다는 것은 수없이 반복하며 익혀서 자연스러운
경지로 나아가는 것이다.

덕 있는 이는 외롭지 않다 반드시 이웃이 있다

공자는 이렇게 말씀하셨네
"덕 있는 이는 외롭지 않으니
그에겐 반드시 이웃이 있다"

덕(德)은 진리를 알고
몸으로 터득한 것이니
덕이 있는 사람이란
깨달음이 있는 사람이다

깨달음이 있으면
반드시 주변에 영향을 미쳐
따르는 사람이 있을 것이니
덕이 있으면 혼자가 아니다

이웃[隣]은
친한 사람을 말하니
덕이 있는 사람은 반드시
친한 사람이 있게 마련이다

덕이 있는 사람은
'사람들이 모이는 곳'이니
수신을 하여 덕이 있게 되면

저절로 남들의 표준이 되어
사람들이 우러르며 따를 것이다

「**해설**」 공자가 말씀하기를 "덕이 있는 사람은 외롭지 않
다. 반드시 이웃이 있게 마련이다."라고 하였다.[子曰 德不
孤 必有隣](『논어』 「이인」 제25장)

　　　　덕은 도를 구하고 도를 밝히고 도를 실천하여 얻어
지는 것이다. 그냥 어느 날 깨달아서 얻어지는 것이 아니
다. 덕은 터득하는 것이니, 이치를 깨달아 얻는 것이다. 덕
은 닦는 것이니 치열한 구도적 노력 없이 거저 얻어지는
덕은 없다. 선승이 화두를 들 듯 치열하게 고심을 해야 하
고, 존재와 세상에 대한 물음이 계속되어야 덕을 얻을 수
있다.

썩은 나무는 조각할 수 없네

낮잠 자는 재여(宰子)에게 공자가 말씀하였네
"썩은 나무토막에는 조각을 할 수가 없고
썩은 흙으로 쌓은 담장은 흙손질을 할 수 없네"

낮잠 잔 것이 무어 그리 대수 길래
공자의 이 말씀 엄하기 그지없네
옛날 어떤 이는 이런 말을 남겼네
"공경이 게으름을 이기는 자는 길하고
게으름이 공경을 이기는 자는 멸한다"

공경이란 마음을 놓지 않고
늘 긴장하며 조심하는 것
게으른 마음이 긴장감을 이기면
이미 망하는 길로 들어선 것이네

낮잠 한 번 잔 것을 두고서
모질게 야단친 것이라 생각하면
바로 재여처럼 게으름이 공경심을 이기리
한 순간도 긴장의 끈을 놓아서는 안 되니
그 순간 바로 천길 아래로 추락하고 마네

「**해설**」 　재여가 낮잠을 자니, 공자가 말씀하기를 "썩은 나무는 조각을 할 수 없고, 썩은 흙으로 쌓은 담장은 흙손질을 할 수가 없으니, 내가 재여에 대해 무엇을 나무라랴."라고 하고, 또 말씀하기를 "처음에 나는 사람들에 대해서 그의 말을 듣고서 그의 행실을 믿었는데, 이제 나는 사람들에 대해 그의 말을 듣고서 그의 행실을 관찰하게 되었으니, 재여를 통해 이런 마음을 바꾸었다."라고 하였다.[宰子晝寢 子曰 朽木不可雕也 糞土之牆不可杇也 於予與 何誅 子曰 始吾於人也 聽其言而信其行 今吾於人也 聽其言而觀其行 於予與改是](『논어』 「공야장(公冶長)」 제9장)

　　'바늘도둑이 소도둑 된다.'는 말이 있으니, 낮잠을 잔 것은 이미 작은 도둑이 된 것이다. 선생이 열심히 설명을 하는데 책상에 엎드려 잠자는 학생이 있는 교실풍경을 떠올리면, 미래의 하늘은 온통 잿빛이다. 학생이 '너는 떠들어라, 나는 잔다.'는 마음을 먹는다면 앞으로 무슨 일을 할 수 있을까. 교육은 사람답게 사는 법을 일러주는 것이기에 인륜을 밝히는 일[明人倫]이라 하였는데, 오늘날은 인성교육을 외치기만 하고 사람답게 사는 법은 가르치지 않고 있다. 더구나 공자처럼 따끔한 훈계도 못하고 있으니, 교실에는 재여 같은 학생으로 넘쳐나고 있다.

오래도록 사귀면서도 그를 공경했네

공자는 남의 장점을 드러내 알렸으니
제(齊)나라 안영(晏嬰)을 논평하면서
"안평중(安平仲)은 남과 교제를 잘한 사람
오래도록 사귀면서도 상대를 공경했네"라고
말씀하신 것이 그런 경우라네

사귀길 오랫동안 하면
공경심이 시들해져서
상대를 공경하지 않게 되고
일상에서 늘 접하게 되면
어느새 존경심은 사라지고
나쁜 점만 눈에 들어오지
그래서 좋아했다가 서로 미워하고
사이가 좋았다가 서로 서먹해지네

나쁜 점은 보지 말고
좋은 점만 보면서
매일 칭찬하라고 말하지만
어디 말처럼 그렇게 쉬우랴

안영은 이런 마음을 알았으니
상대를 설만하게 대하지 않고

늘 처음 만났을 때와 같이
공경하는 마음으로 대하였네
이것이 선을 실천하는 방법이고
자신을 잃어버리지 않는 길이라네

「해설」 공자가 말씀하기를 "안평중은 남과 교제하기를 잘
했도다. 오랫동안 사귀면서도 상대를 공경했구나."라고 하
였다.[子曰 晏平仲 善與人交 久而敬之](『논어』「공야장」제16장)
　　안평중(安平仲)은 제나라 대부 안영(晏嬰)으로, '강
남의 귤을 강북으로 옮기면 탱자가 된다.'는 명언을 남긴
사람이다. 오랫동안 함께 생활하면서 상대에게 공경하는
마음을 잃지 않는 사람은 찾아보기 어렵다. 공자는 무슨
마음으로 이런 말씀을 하신 것일까? 문득 나를 돌아보니
그렇게 하지 못한 것이 그저 부끄러울 뿐이다. 내 주변에
있는 사람들부터 하늘처럼 떠받들면 모든 세상 사람들이
나를 벗하려고 찾아올 것이다.

교언 영색 주공巧言令色足恭

말을 잘 하는 교언(巧言)
안색을 잘 꾸미는 영색(令色)
공자는 이런 짓을 하는 사람은
인(仁)한 자가 드물다고 하였지

게다가 어린 사람에게
지나치게 굽실대며 아부하는
주공(足恭)까지 더해지면
무엇을 볼 것이 있겠는가

공자는 교언 영색 주공을
옛날 좌구명이라는 사람이
매우 부끄러워했다고 하며
자신도 부끄러워한다 했으니

이런 세 가지 행실을
하려고 하지 않는 것이
바로 의리를 따르려는
사(士)의 마음이라네

「해설」 공자가 말씀하기를 "말을 교묘하게 하고 안색을 잘 꾸미고 지나치게 공손한 것을 좌구명이 부끄러워했는데, 나도 부끄러워한다."라고 하였다.[子曰 巧言令色足恭 左丘明恥之 丘亦恥之](『논어』「공야장」제24장)

주공(足恭)의 '주(足)' 자는 '족'으로 발음하지 않고 '주'로 읽으며, '지나치다'라는 뜻이다. 사(士)는 독서하여 도를 구하는 사람이다. 지식인이 지조와 원칙을 정립하지 못하면 남의 비위나 맞추게 된다. 세상에는 좌구명 같은 사람이 늘 있으니, 행여 조금이라도 교언하고 영색하고 주공하지 않는지 자신을 수시로 돌아볼 일이다. 세상에는 언제나 좌구명 같은 사람이 드물게나마 있어 그 빛을 전하였다.

자기 허물을 발견하고서
자책하는 자를 보지 못했다

어느 시대나 자신을 성찰하여
허물을 고치는 사람은 적다
우리가 사는 오늘날도 그렇고
공자가 살던 옛날에도 그랬다
그래서 공자는 늘 탄식하였다
"끝났구나! 자기 허물을 능히 돌아보고
안으로 자책하는 자를
나는 아직 보지 못했도다"

지식을 추구하는 공부는 말단이고
지식을 통해 자신을 변화시켜
더 나은 사람이 되는 것이 본질이다
문명이 발전할수록
지식은 확대되는데
덕을 가진 어진 이는
더욱 찾아보기 어렵다

전에는 존경하는 스승이 있었는데
요즘 세상엔 존경하는 스승이 없다
선생이 지식전달자로 전락한 것은
전적으로 덕이 없기 때문이다

교육자가 학생에게 지식만 가르치며
자신의 허물을 돌아보고 고치지 않아
본받고 따를 만한 참스승이 없으니
교육개혁은 선생부터 시작해야 한다

「해설」 공자가 말씀하기를 "끝났구나! 나는 자기의 허물을 능히 발견하고서 마음으로 자책하는 자를 아직 보지 못했다."라고 하였다.[子曰 已矣乎 吾未見能見其過而內自訟者也]
(『논어』 「공야장」 제26장)

　　　　자신을 돌아보는 성찰이 부족한 시대에는 자기의 허물을 아는 사람이 드물다. 오늘날은 모두 제 잘난 맛에 사니 성찰할 생각이 조금도 없다. 성찰이 없는 지식은 종이쪽지에 불과하고, 성찰이 없는 삶은 무지한 것과 다를 바 없다. 수시로 자신을 돌아보고 성찰하지 않으면 그저 속인일 뿐이다. 이 나라 교육이 다시 제자리를 찾으려면 가르치는 사람부터 성찰하고 수신하며 덕성을 드높여야 한다.

어질구나 안회顏回여

공자는 제자 안회에 대해
칭찬을 아끼지 않았는데
어느 날 이렇게 말씀하였네
"어질구나! 안회여
한 대그릇 밥과 한 표주박 물로
누추한 동네에 사는 것을
남들은 그런 걱정을 참지 못하는데
안회는 그 즐거움을 바꾸지 않으니
어질구나! 안회여"

안회는 쌀독에 식량이 자주 떨어졌고
달동네에 살면서 늘 끼니를 걱정했다
그런 가난한 환경에 처하면 누구나
공부를 접고 돈 벌러 나가기 마련인데
안회는 그런 곤궁한 삶 속에서도
구도의 즐거움을 버리지 않았다네

송나라 때 도학자 정이천(程伊川)은
'안자(顔子)가 좋아한 것은 무엇인가'라는
문제의식으로 자신을 일으켜 세웠다

나는 이렇게 들었다

'옛날엔 불법을 구하려 목숨 걸고
구도여행을 한 승려가 있었다'고
'옛날엔 빈한한 집에 태어나서도
안회처럼 되기를 꿈꾼 이가 있었다'고

「해설」 공자가 말씀하기를 "어질구나! 안회여. 한 대그릇
밥과 한 표주박의 물로 누추한 동네에 사는 것을 남들은
그 걱정을 견디지 못하는데, 안회는 그의 즐거움을 바꾸지
않으니, 어질구나! 안회여."라고 하였다.[子曰 賢哉回也 一簞
食一瓢飮 在陋巷 人不堪其憂 回也不改其樂 賢哉回也](『논어』「옹
야(雍也)」 제9장)

　　　송나라 때 정이(程頤)는 '불개기락(不改其樂)'의 '기
(其)' 자에 깊은 의미가 있으니 이를 음미해야 한다고 말했
다. 또 '안회가 좋아한 것은 어떤 학문인가에 관해 논함'이
라는 뜻으로 「안자소호하락론(顔子所好何學論)」을 지어 자
신의 꿈을 드러냈다. 이런 문제의식이 있어야 도를 구할
수 있다.

지금 너는 획을 긋는구나

염구(冉求)는 재주가 있었지만
도를 구하는 데 자신이 없었다
"선생의 도를 기뻐하지만
저는 힘이 부족합니다"
공자가 그 말을 듣고 말했다
"참으로 힘이 부족한 자는
길을 가다가 중간에 그만둔다
지금 너는 갈 힘이 있는데
선을 긋고 가지 않으려 하는구나"

산을 오를 때
'나는 올라갈 수 없어'라고 생각하면
중도에 포기하게 되고
'쓰러져도 끝까지 갈 거야'라고 하면
정상에 오를 수 있다
학문은 산에 오르는 것과 같으니
정상에 오르지 못하면 사방을 볼 수 없다
스스로 한계를 긋고 나가지 않으면
평생 한 골짜기의 하늘만을 보며 산다

재여는 도를 구하는 데 선을 그어
덕행으로 이름을 전하지 못했으니

한계를 긋는 것이 얼마나 두려운가
'나는 할 수 없어'가 아니라
'나는 할 수 있어'를 외쳐야
염구처럼 되지 않고 안회처럼 될 수 있다

「**해설**」　염구가 말하기를 "선생의 도를 기뻐하지 않는 것은
아니지만, 저는 힘이 부족합니다."라고 하니, 공자가 말씀
하기를 "힘이 참으로 부족한 자는 중도에 그만두니, 지금
너는 미리 선을 긋는구나."라고 하였다.[冉求日 非不說子之道
力不足也 子曰 力不足者 中道而廢 今女畫](『논어』「옹야」제10장)
　　　　도를 구하는 일은 산을 오르는 것처럼 힘들다. 그
래서 조식(曺植)은 "선을 따르기는 산을 오르는 것처럼 힘들
고, 악으로 빠지기는 산을 내려오는 것처럼 쉽다."고 하였
다. 산을 오를 때 '나는 여기까지'라는 생각을 하면 정상에
설 수 없다. 산의 정상에 서야 사방을 두루 볼 수 있는 안목
이 생기니, 학문도 마찬가지이다. 공자가 태산에 올라 천하
를 작게 여긴 안목을 가져야 세상을 넓게 바로 볼 수 있는
눈이 생긴다.

길을 갈 적에는 지름길을 말미암지 않으며

길을 갈 적에 지름길을
경유하지 않는 사람은
정로(正路)를 가는 사람이다
바른 길을 가지 않고
지름길을 택하는 사람은
작은 이익을 보고 힘을 덜 들여
빨리 도달하려는 마음이 있다
이런 마음이 도사리고 있으면
공정보다는 사적인 이익을 우선시하고
원칙보다는 편법을 먼저 생각하게 된다

길을 갈 적에 지름길로
들어서고 싶어도 가지 않고
돌아서라도 바른 길로 가는 것은
이익보다는 원칙을 택하는 것이다

공자 문하에
담대멸명이 그랬으니
그 시대에는 여전히
원칙을 지키는 이가 있었다

「**해설**」 자유(子游)가 무성(武城)의 수령이 되었는데, 공자가 그에게 묻기를 "너는 그곳에서 인재를 얻었느냐?"라고 하니, 자유가 답하기를 "담대멸명(澹臺滅明)이라는 사람을 얻었는데, 그는 길을 갈 적에 지름길을 말미암지 않으며, 공적인 일이 아니면 저의 집무실에 찾아온 적이 없습니다."라고 하였다.[子游爲武城宰 子曰 女得人焉爾乎 曰 有澹臺滅明者 行不由徑 非公事 未嘗至於偃之室也](『논어』「옹야」제12장)

　　세상에 인재가 없는 것이 아니라, 인재를 알아보는 혜안을 가진 사람이 없는 것이다. 인재란 어떤 사람인가? 공정을 우선하는 사람이다. 어느 정권이나 인재를 구하기 어렵다고 탄식하지만, 자유(子游)의 눈으로 보면 세상에는 언제나 담대멸명 같은 인재가 있다. 담대멸명은 쉬운 길보다는 바른 길을 택한 사람이고, 공과 사를 엄격히 구분한 사람이니, 요즘에는 찾아보기 어려운 사람이다.

요산요수樂山樂水

지혜로운 자는 물을 좋아하고
어진 사람은 산을 좋아하네
지혜로운 자는 물처럼 동적이고
어진 사람은 산처럼 정적이네

지혜로운 자는 사리에 통달하여
두루 흘러가며 정체함이 없어
물과 유사한 점이 있고
어진 사람은 의리에 편안하여
두텁고 무거워 옮겨가지 않으니
산과 유사한 점이 있네

지혜로운 자가 즐거운 것은
물처럼 흘러가며 막히지 않기 때문
어진 사람이 늘 그대로인 것은
산처럼 제자리에서 변치 않기 때문

우리 마음속 본성의 인의예지는
눈으로 볼 수 없고 귀로 들을 수 없네
그것이 드러난 자취를 보고서
그것을 미루어 알 뿐이니
측은지심은 인(仁)의 단서이고

시비지심은 지(智)의 단서라네

공자는 산과 물의 이치를 보고
사람의 본성을 미루어 알았으니
위대하도다! 그 밝은 안목이여

「해설」 공자가 말씀하기를 "지혜로운 자는 물을 좋아하고
인(仁)한 자는 산을 좋아하니, 지혜로운 자는 동적이고 인
한 자는 정적이며, 지혜로운 자는 즐겁고 인한 자는 장수한
다."라고 하였다.[子曰 知者樂水 仁者樂山 知者動 仁者靜 知者
樂 仁者壽](『논어』「옹야」 제21장)

　　　　산과 물은 공자가 일상에서 접하던 것이고, 우리도
일상에서 접하는 대상이다. 그런데 공자는 매일 보는 산과
물에서 인(仁)과 지(智)를 읽어냈다. 산처럼 늘 그 자리에서
변치 않고 만물을 포용하는 덕이 인(仁)이며, 산에서 나와
잠시도 머물지 않고 낮은 데로 흘러가며 대지를 적셔주는
덕이 지(智)라는 것을. 이를 체득하고자 한 것이 조선 선비
의 산수 유람이고, 산수에 은거하여 자신을 돌아보던 조선
선비의 마음이었다. 그 마음과 정신이 이 나라 산수 곳곳에
투영되어 있는데, 이제는 아는 사람이 하나도 없다.

박문약례博文約禮

안회는 이렇게 말했다네
"선생께서 나를 문(文)으로 넓혀 주셨고
나를 예(禮)로써 단속해 주셨네"
공자는 또 이렇게 말씀하였지
"군자가 문(文)을 널리 배우고
예(禮)로써 자신을 단속하면
도에서 벗어나지 않을 수 있다"

박문(博文)은 글을 널리 읽어
앎을 극진히 하는 것이고
약례(約禮)는 그렇게 안 지식을
자신의 몸에 구현해 내는 것

박문을 하지 않으면
편견과 독선에 빠지고
약례를 하지 않으면
덕을 얻을 수가 없네

지행(知行)이 합일되지 않으면
어찌 군자라 할 수 있으리
박문과 약례를 아울러 해야
참된 지식인이 될 수 있네

「해설」 공자가 말씀하기를 "군자가 널리 글을 배우고서 예로써 자신을 단속하면 도에서 벗어나지 않을 수 있다."라고 하였고[子曰 君子博學於文 約之以禮 亦可以弗畔矣夫](『논어』「옹야」제25장), 안회는 말하기를 "선생께서 차근차근 사람들을 잘 인도하시어 문(文)으로써 나를 넓혀 주시고 예로써 나를 단속해 주셨다."라고 하였다.[子循循然善誘人 博我以文 約我以禮](『논어』「자한(子罕)」제10장)

박문(博文)은 글을 폭넓게 읽으며 지식을 탐구하는 일이고, 약례(約禮)는 예의범절에 맞게 자신의 몸과 마음을 단속하는 것이다. 박문은 진리탐구를 의미하고, 약례는 앎을 실천하는 것을 가리킨다. 지식은 실천을 통해 빛을 발하니, 실천하지 못하는 지식은 박제된 문자에 불과하다. 얼마나 많은가. 우리 시대에 박제된 문자를 팔아먹고 사는 자들이. 전에는 학교를 다닐 때 닮고 싶은 스승이 있었는데, 지금은 젊은이에게 물어보면 그런 사람이 없다고 한다. 젊은이가 닮고 싶은 사람이 없다는 것은 우리 시대에 진정한 스승이 없다는 말이다.

가까이 자신에게서 취해 남의 처지를 비유하라

인자(仁者)의 마음은
자신을 던져 남에게 미치는 것
자기가 어느 자리에 서고 싶을 때
남을 그 자리에 대신 세워주고
자기가 어느 지점에 도달하고 싶을 때
남을 그 지점에 도달하게 하는 것
그러기에 인(仁)은 성인의 경지로
사(私)가 전혀 없는 공(公)이고
부정(不正)하지 않은 정(正)이라네

인자에 이르지 못한 사람이
인(仁)을 실천하는 방법은
가까이 자신에게서 취하여
남의 처지를 비유해 보는 것
내가 먹고 싶을 때
남도 먹고 싶겠지 생각하고
내가 갖고 싶을 때
남도 갖고 싶겠지 생각하는 것

내가 원하는 것을 미루어
남의 처지를 헤아리는 일
그것이 내가 남과 소통하는 방법이고

인(仁)으로 한 걸음씩 나아가는 길

「**해설**」 공자가 말씀하기를 "인자(仁者)는 자기가 어느 자리에 서고 싶을 때에 남을 대신 그 자리에 세워주고, 자기가 어느 지점에 도달하고 싶을 때에 남을 그 지점에 도달하게 해준다. 능히 자기 일상의 가까운 데에서 어떤 일을 취하여 남의 처지를 비유하면 그것은 인을 실천하는 방법이라고 말할 수 있다."라고 하였다.[夫仁者 己欲立而立人 己欲達而達人 能近取譬 可謂仁之方也已](『논어』 「옹야」 제28장)

　　'능근취비(能近取譬)'는 남을 배려하는 서(恕)와 유사한 개념으로, 일상의 일에서 남의 처지를 늘 비유해보는 것이다. 그래서 '인을 실천하는 방법'이라고 말한 것이다. 이는 '자기가 어디에 도달하고 싶을 때 남을 대신 도달하게 해주는' 인자(仁者)의 경지에 이른 것은 아니다. 자신을 던져 남에게 미치는 이기급인(以己及人), 또는 살신성인(殺身成仁)이 인자의 마음이다. 그러나 인자가 되기 위해서는 추기급인(推己及人)하는 마음이 먼저 충만하게 쌓여야 한다. 능근취비는 내 주변을 돌아보고 역지사지하여 남을 먼저 이해하고 배려하는 것이니, 인자가 되게 하는 지름길이다.

남의 말을 묵묵히 받아들이고

'남의 말을 묵묵히 듣고 받아들이며
학문을 하면서 싫증을 내지 않고
남을 가르치면서 게을리 하지 않는 것
이 세 가지 가운데서
나는 잘 하는 것이 하나도 없다'는 말씀

가르치는 것보다
학문하는 것보다
'묵이지지(默而識之)'를
먼저 말한 이유는 무엇일까

우리는 남의 말에
귀를 기울이지 않는다
건성으로 듣거나
듣고서 흘려버리기가 다반사다

묵묵히 남의 말을 듣고
마음에 새겨두는 일
이것이야말로 남의 선을
받아들이는 태도이다

남의 말을 받아들이지 않으면

좋은 점을 수용할 수 없으니
배우는 일보다 더 중요하게 여겨
맨 먼저 이 일을 말씀한 것이다

「**해설**」 공자가 말씀하기를 "묵묵히 남의 말을 듣고서 받아들이며, 학문을 하면서 싫증을 내지 않으며, 남을 가르치면서 게을리 하지 않는 것, 이런 것들이 무엇이 나에게 있는가."라고 하였다.[子曰 默而識之 學而不厭 誨人不倦 何有於我哉](『논어』「술이」 제2장)

　　　공자 같은 성인도 늘 배우면서 싫증내지 않는 문제와 가르치면서 게을리 하지 않는 문제를 반성하였다. 그런데 배우고 가르치는 일보다 먼저 남의 말에 귀를 기울이고 좋은 말을 마음에 새겨 나의 것으로 삼으려는 마음이 있었다. 대부분의 사람들은 자기 말을 하고 싶어 하기 때문에 남의 말에 귀를 기울이지 않는다. 설령 듣는다 해도 받아들이는 데 마음을 두지 않는다. 나라고 하는 의식이 없으면 사소한 남의 말이라도 묵묵히 받아들여 가슴에 새겨둘 수 있다. 남의 말을 잘 듣는 것이 배우고 가르치는 일보다 먼저임을 깨달아야 공자의 마음을 엿볼 수 있다.

이것이 나의 걱정거리

공자는 이렇게 말씀하였지
"덕을 잘 닦지 못하는 것
학문을 부지런히 강론하지 못하는 것
의(義)를 듣고서도 실천하지 못하는 것
불선(不善)을 보고서도 고치지 못하는 것
이것이 나의 걱정거리이다"

덕(德)을 닦는 일
학문을 강론하는 일
의리를 실천하는 일
불선을 즉시 고치는 일
이 네 가지야말로 바로
자신을 날마다 변화시켜
성인으로 가는 지름길이다

그러기에 공자도 늘
이런 일을 걱정한 것이다
그런데 공자보다 못한 우리가
어찌하여 이를 걱정하지 않는가

「**해설**」　공자가 말씀하기를 "덕을 제대로 닦지 못하는 것, 학문을 제대로 강론하지 못하는 것, 의로움을 듣고서 능히 실천하지 못하는 것, 불선을 발견하고서도 능히 고치지 못하는 것, 이것이 나의 걱정거리이다."라고 하였다.[子曰 德之不修 學之不講 聞義不能徙 不善不能改 是吾憂也](『논어』「술이」제3장)

　　공부하는 사람은 이 네 가지 중에 하나라도 게을리 하면 진정한 학자가 될 수 없다. 공자가 성인이 된 것은 이런 긴장의 끈을 놓지 않았기 때문이다. 이런 걱정을 하지 않으면 긴장감이 없어져 나태하게 되고, 결국에는 한눈을 팔다가 이익을 좇게 된다. 대학교수 중에 그런 사람들이 참 많다. 어느 퇴직 교수가 교수집단을 '빌런 프로페서(villain professor)'라고 꼬집어 비판한 것이 이런 풍속도를 말해준다.

학문의 길

"도(道)에 지향을 두고 덕(德)에 의거하고
인(仁)에 의지하고 예(藝)에 익숙하라"는 말씀

도(道)는 인간이 마땅히 가야 할 길
도에 지향을 둔다는 것은
도를 구하는 데 뜻을 세우는 것

덕(德)은 도를 깨달아 터득한 것
덕에 의거하라는 것은
덕을 터득해 지키라는 것

인(仁)은 사욕이 없어 심성이 온전한 것
인에 의지라는 것은
인에서 벗어나지 않게 하라는 것

예(藝)는 예악문물과 사어서수(射御書數)의 법도
예(藝)에 익숙히 하라는 것은
예악을 익히고 전문 기능을 연마하라는 것

도를 구하는 데 지향이 없고
덕을 터득해 지키지 않고
본성에서 벗어난 짓을 하면

아무리 전문 기능이 뛰어나도
사람답지 못하게 된다는 경고

「**해설**」 공자가 말씀하기를 "학자는 먼저 도에 지향을 두고, 다음 덕을 굳게 지키고, 인을 어기지 말고, 재예(才藝)를 익숙히 하여야 한다."라고 하였다.[志於道 據於德 依於仁 游於藝](『논어』「술이」제6장)

　　이 문장은 학문의 순서를 말한 것으로 먼저 도를 구하는 데 뜻을 두라는 지도(志道), 다음 도를 행하여 마음으로 터득한 효제충신(孝弟忠信) 같은 덕을 굳게 지키라는 거덕(據德), 다음 마음을 보존하고 길러 인을 어기지 않고 지키라는 의인(依仁), 이런 것을 차례로 추구한 뒤에 예악사어서수(禮樂射御書數)와 같은 전문적인 기능을 익히라는 말이다. '유(游)'는 물고기가 물과 하나가 되어 자유롭게 헤엄치듯이 익숙히 하는 것이다. 사서(射御)는 활쏘기와 말타기로 체육에 해당하고, 서수(書數)는 글씨쓰기와 수학이다. 예악과 사서와 서수는 소학교에서 배우는 기본과목에 해당하지만, 여기서는 그에 관한 전문적인 재능을 익히는 것이다.

내가 좋아하는 것을 따라 살리라

부귀는 누구나 원하는 것이다
그렇지만
누구나 얻을 수 있는 것은 아니다

누구나 부귀를 얻을 수 없으니
그렇다면
무엇을 추구하며 살아야 할까

답은 간단하다
공자의 말씀처럼
좋아하는 일을 하면서 사는 것

내가 좋아하는 것은
안분지족하면서
의리에 안주하는 것

의(義)는 옳고 바르고 선량한 것
리(理)는 이치와 도리와 사리
의리에 안주하는 것은
올바르고 합리적으로 처신하는 것

좋아하는 일을 하면서 산다는 것은

나의 본성을 잃지 않고 순응하는 것

「**해설**」 공자가 말씀하기를 "부유함을 만약 구할 수 있다면 채찍을 잡는 마부의 일일지라도 내 또한 하겠지만, 만약 구할 수 없는 것이라면 나는 내가 좋아하는 바를 하면서 살리."라고 하였다.[子曰 富 而可求也 雖執鞭之士 吾亦爲之 如不可求 從吾所好](『논어』「술이」제11장)

옛날 사람들은 '부귀는 천명이 있어 의도한다고 구할 수 있는 것이 아니다'라고 여겼다. 그러므로 노력해서 부귀를 얻을 수 없다면 자신이 좋아하는 일을 하면서 살라고 말한 것이다. 공자의 이 말씀은 부귀를 구할 수만 있다면 구하겠다는 뜻이 아니다. '부귀를 마음대로 구할 수 없다면'이라는 단서는 '자신이 좋아하는 것을 하면서 살겠다'는 말을 하기 위한 전제에 불과하다. 아무리 부유하고 존귀해도 자기가 좋아하는 일을 하지 못하면 결코 행복할 수 없다. 행복한 삶은 공자처럼 발분망식하면서 좋아하는 일에 심취해 사는 것이다. 놀러 다니고 유흥을 즐기는 것이 행복한 일이 아니며, 잘 먹고 잘 입는 것이 행복한 삶이 아니다.

의롭지 않은 부귀는 내게 뜬구름 같다

의롭지 않은 짓을 해서
부유하고 귀하게 되는 것
그런 삶은 결국
손가락질을 당하고
스스로 후회하게 된다

나의 생각은 옳고
너의 생각은 틀리며
나는 정당하고
너는 부당하다고 여기는 것
그것이 의롭지 못한 것이다

의롭지 못하면서
부를 축적하고
높은 자리에 오르는 것
그것이 공자의 제자들이
부끄러워한 것이며
공자를 배우는 사람들이
부끄러워한 것이다

그런데 오늘날에는
공자를 배우는 사람이 없어

의롭지 않으면서 부귀한 것을
부끄러워하는 사람조차 없다

「**해설**」 공자가 말씀하기를 "거친 밥을 먹고 맹물을 마시며
팔을 구부려 베고 지내더라도 즐거움이 그런 가운데 있으
니, 의롭지 아니하면서 부유하고 귀하게 되는 것은 나에게
뜬구름과 같다."라고 하였다.[子曰 飯疏食飮水 曲肱而枕之 樂
亦在其中矣 不義而富且貴 於我如浮雲](『논어』「술이」제15장)
　　　여기서 독자는 또 '공자가 즐거워한 일이 무엇일
까?'라는 화두를 들어야 한다. 진정한 나만의 즐거움이 있
다면, 가난해도 즐겁고 부유해도 즐거우며, 늙는 줄도 모르
고 근심을 잊고 살 수가 있다. 진정한 즐거움을 찾는 것,
그것이 행복해지는 방법이다.

발분망식

도를 터득하지 못했을 때는
발분하여 밥 먹는 것도 잊고
도를 터득하고 난 뒤에는
즐거워하면서 걱정을 잊는 삶

이 두 가지가 바로
공자의 마음이었네

그래서 공자는 노년에
늙는 줄도 잊고서
『주역』을 뒤적이고
역사를 정리하여
『춘추』를 지었네

이 마음이 없었다면
공자가 어찌
육경을 지었으리
이 마음이 없었다면
공자가 어찌
성인이 되었으리

「**해설**」　초나라 섭현(葉縣)의 수령 심저량(沈諸梁)이 자로에게 "공자는 어떤 사람인가?"라고 물었는데, 자로가 대답을 하지 않았다. 그러자 공자가 자로에게 "너는 '그의 사람됨이 〈도를 얻기 전에는〉 발분하여 식사하는 것도 잊고 〈도를 얻은 뒤에는〉 도를 즐거워하여 걱정을 잊고 지내 늙음이 장차 닥치는 것도 모르고 사는 사람'이라고 어찌 말하지 않았는가."라고 하였다.[女奚不曰 其爲人也 發憤忘食 樂以忘憂 不知老之將至云爾](『논어』「술이」제18장)

　　　　　이 문장을 읽으면서 도를 구하고 도를 즐거워하는 데 집중하여 세월이 가는 줄도 모르고 지내는 공자의 모습을 떠올려 보는 것이 좋다. '발분망식'은 '식사하는 것도 잊고 발분한다.'는 뜻인데, 발분(發憤)은 도를 구하는 뜨거운 열정을 의미한다. 뜨거운 열정이 있어야 배고픔을 잊을 수 있다. 우리는 '열심(熱心)히'라는 말을 아무렇지 않게 쓰는데, 마음이 뜨겁게 달아오르는 열정이 없으면 그것은 '열심히'가 아니라 '한심(寒心)히'다. 뜨거운 열정으로 도를 구해야 걱정을 잊고 즐거움을 구할 수 있다. 이런 즐거움이 있어야 행복하다. 행복한 삶은 먼 곳에 있지 않고 바로 나에게 있다. 남의 험담이나 하면 행복은 나와 멀어진다.

나는 옛것을 좋아하여 부지런히 구하는 사람

'옛것을 좋아한다'는 말
무슨 뜻일까
옛날 훌륭했던 성현의 말씀을
그대로 따른다는 말일까

공자(孔子)처럼
안회(顔回)처럼
퇴계(退溪)처럼
남명(南冥)처럼
따라하며 닮는다는 것일까

아니다, 아니다
자질이 빼어난 사람은
의리에 밝지만
배우지 않으면
사리에는 어둡다
따라 하기만 하면
의리는 알지만
사리는 모른다

옛날 사람들의 예악문물과
고금에 일어났던 잘잘못을

실제의 일에서 점검하지 않으면
사리에 밝지 못하게 된다

'나는 옛 것을 좋아하여
부지런히 구하는 사람'이라는
공자의 이 말씀은
실제의 일에서 옳은 것을 찾으라는
실사구시(實事求是)를 말씀하신 것

「**해설**」 공자가 말씀하기를 "나는 태어나면서부터 안 사람이
아니다. 나는 옛것을 좋아하여 부지런히 그것을 구하는 사람
이다."라고 하였다.[子曰 我非生而知之者 好古敏以求之者也]
(『논어』「술이」제19장)
　　　　의리는 보편적 이치지만, 사리는 실제의 일을 통해
경험하는 구체적인 이치이다. 그러니 보편적 이치를 아는
것과 함께 구체적인 이치를 체득해야 실무에 응용할 수 있다.

세 사람이 길을 갈 적에
반드시 나의 스승이 있다

나와 다른 두 사람
이렇게 세 사람이 길을 갈 적에
반드시 나의 스승이 있다는 말씀
성인이 되신 속마음을 보인 것

한 사람이 선한 말을 하면
내가 그것을 따라 배우고
또 한 사람이 불선한 짓을 하면
나에게 그런 점을 살펴 고치니
이들은 모두 나의 스승

공자는 일상에서 남의 좋은 점을 찾아
모두 자신의 것으로 만들었기에
특정한 스승이 없었다고 말하네
맹자는 '돌아가서 도를 구하면
남는 스승[餘師]이 있다'고 했으니
누구나 내 스승이 될 수 있다는 말씀

본받을 만한 점이 있으면
모두가 나의 스승이니
어린아이도 노인도

천한 이도 귀한 이도
모두가 나의 스승이라네

「해설」 공자가 말씀하기를 "세 사람이 길을 가는데 반드시 나의 스승이 있으니, 그중에 선한 것을 택하여 따르고, 불선한 것을 보고서는 나의 불선함을 고친다."라고 하였다. [子曰 三人行 必有我師焉 擇其善者而從之 其不善者而改之](『논어』「술이」제21장)

　　　이 말은 '어진 이를 보면 나도 그와 같아지기를 생각한다.[見賢思齊焉]'는 말과 함께 공자가 성인이 된 이유를 잘 보여준다. 내 주변에 있는 사람들의 장점을 모두 취하여 집대성하면 공자처럼 될 수 있다. 그러니 내 주변의 모든 사람은 나의 스승이다. 이런 마음을 먹게 되면 아내도 스승으로 보이고, 어린 자식도 스승으로 보인다.

공자께서는 네 가지로 가르치셨다

공자의 제자들은
스승의 교육에 대해
'선생께서는 문행충신(文行忠信)
네 가지로 가르치셨다'고 했네

문(文)이란 무엇인가
글을 배우는 것
글은 옛날의 문물을 모아놓은
시서(詩書)와 예악(禮樂)

시(詩)를 통해 민심을 읽고
서(書)를 통해 정치를 배우고
예(禮)를 통해 행실을 절제하고
악(樂)을 통해 마음을 다스리니
심신을 닦는 법을 배우는 것

행(行)이란 무엇인가
행실을 닦는 것
눈으로 보고 귀로 듣고
입으로 말하고 몸으로 행하는 것을
절제하여 중도에 맞게 하는 것

충신(忠信)이란 무엇인가
충(忠)은 마음을 진실하게 하는 것
신(信)은 진실로 남을 대하는 것

진실과 신의를 나의 근본으로 삼고
행실을 가다듬고 글을 배우는 것
이것이 공자의 교육철학이었네

「해설」 "공자께서는 네 가지로써 가르치셨으니, 문(文)과 행(行)과 충(忠)과 신(信)이었다."라고 했다.[子以四教 文行忠 信](『논어』「술이」제24장)

　　　이는 네 가지 교과가 아니고, 교육내용을 말한 것이다. 교육은 사람을 사람답게 만드는 데 있고, 사람을 사람답게 만드는 것은 인륜을 밝히는 데 있으니, 참된 교육은 진실하고 신의 있는 사람을 만들고, 행실을 가다듬어 망동하지 않고, 글을 배워 이치를 알게 하는 데 있다. 그러니 오늘날의 교육과는 하늘과 땅만큼이나 차이가 있다.

인仁은 먼 곳에 있는가

공자는 말씀하였네
"인(仁)은 먼 곳에 있는가,
나는 인을 원하면
바로 인이 다가오네"

인(仁)이란 무엇인가
마음의 덕이다
덕(德)이란 무엇인가
하늘로부터 얻은 것이다

인이 멀리 있지 않다는 말씀은
인은 나의 마음속에 있다는 것
사람들은 자기 마음속에 있는
본성을 찾아 구할 줄 모르고
사물을 접해 일어나는 감정만을
마음이라 생각하여
인은 내게서 멀리 있다 하네

맹자는 측은지심을 통해
본성이 선하다는 것을 일깨워
이런 마음을 계발해 꽉 채우면
인(仁)이 된다고 했네

내 마음속의 선을 찾아내어
내 마음의 중심으로 만드는 것
그것이 바로 인(仁)을 구하여
인을 간직하는 길이라네

「**해설**」　공자가 말씀하기를 "인(仁)은 멀리 있는가? 나는 인
하고자 하면 이에 인이 다가온다."라고 하였다.[子曰 仁遠乎
哉 我欲仁 斯仁至矣](『논어』「술이」제29장)

　　　인(仁)은 하늘이 부여한 내 마음속의 본성으로, 내
가 그것을 구해 터득해 얻어야 나의 것이 된다. 그렇지 않
고 내버려두면 나에게 있는지도 모르게 되어 나와 상관없
는 것이 된다. 그것을 찾아내어 나의 것으로 만드는 것, 그
것이 바로 학문의 길이고, 군자가 되는 길이다.

군자의 도를 실천하는 일은 아직 잘 못한다

공자는 말씀하였네
"문(文)에 대해서는
나도 남들만큼 하겠지만
군자의 도를 몸소 실천하는 일은
내 아직 잘 못하네"

이 말씀 겸손하지만
그 속에 답이 있구나
공자 같은 성인도
글을 배우는 일은
남 못지않지만
도를 몸소 실천하는 일은
늘 미흡하다 생각하였으니
그 도를 배우는 사람들
어찌 두렵지 아니하랴

인의(仁義)를 부지런히
실천하고자 해도
때론 감정에 이끌려
지나치거나 모자람이 있네
몸소 실천하는 일
물고기가 물을 의식하지 않고

자유로이 헤엄치듯
의식하지 않고 저절로
몸이 움직여야 하네

「**해설**」　공자가 말씀하기를 "문(文)은 아마 나도 남만큼은
하겠지만 군자의 도를 몸소 실천하는 점은 나는 아직 잘하
지 못하네."라고 하였다.[子曰 文莫吾猶人也 躬行君子 則吾未
之有得](『논어』「술이」 제32장)
　　　　공자도 군자의 도를 몸소 실천하는 것에 부족함이
있다고 생각하였으니, 우리는 살아있는 동안 늘 이 점을
생각해야 한다. 특히 지식인들은 이 말씀을 명심해야 한다.
우리 시대 존경 받는 스승이 없는 것은 군자의 도를 몸소
실천하는 진정한 지식인이 없기 때문이다. 실천이 없는 학
문은 사이비일 뿐이다.

이제 나는 심신을 온전히 하여 돌아가니 안심이다

증삼(曾參)은 임종할 때 제자들에게 말했다
"나의 발을 펴보고 나의 손을 펴보아라
시에 '전전긍긍하여 깊은 연못가에 임한 듯이
얇은 얼음을 밟는 듯이 하라' 하였으니
나는 이제야 온전히 하여 죽는 줄 알겠구나"

'신체는 부모에게서 받은 것이니
상하게 해서는 안 된다'고 말한 증삼이
신체를 온전히 하여 죽게 되었으니
이제야 안심한다는 말일까
그럴 것이다, 그러나
어찌 신체만을 말한 것이랴
신체는 부모에게 받고
본성은 하늘에서 받으니
전전긍긍하며 한 순간도 방심하지 않아
몸과 마음을 온전히 하여 죽게 되니
참으로 다행이라는 말씀이다

군자유종(君子有終)은
하늘이 부여한 것을 온전히 마친다는 뜻이니
증삼의 이 말씀은

천명을 온전히 하여 생을 마감한다는 뜻이다

증삼의 이 말씀은 군자유종을 위해
깊은 연못가에 임한 듯이
얇은 얼음을 살금살금 밟듯이
전전긍긍하라는 마지막 가르침이다

「**해설**」 증삼은 병환이 위독하자 문하의 제자들을 불러놓고서 말씀하기를 "나의 발을 열어보고 나의 손을 열어보아라. 시에 '전전긍긍하여 깊은 연못가에 임한 듯이 하며, 얇은 얼음을 밟는 듯이 하라.'고 했으니, 이제야 나는 신체를 훼손하지 않은 줄 알겠구나, 애들아!"라고 하였다.[曾子有疾 召門弟子日 啓予足啓予手 詩云 戰戰兢兢 如臨深淵 如履薄氷 而今而後 吾知免夫 小子](『논어』「태백」제3장)

　　　이 문장을 단순히 '손과 발을 온전히 보전하여 죽게 되었으니 다행이다'라는 뜻으로 보면 그 의미가 얕다. 그 이면에 무슨 의미가 있는지를 찾아보아야 한다. 하늘이 명한 마음의 본성을 온전히 보존하여 죽는 것, 그것이 바로 군자유종(君子有終)이다.

임무는 무겁고 갈 길은 멀다

공자의 도를 전해 받은
증삼은 이렇게 말했네
"사(土)는 마음을 드넓고 굳세게 해야 하니
임무는 무겁고 가야 할 길은 멀기 때문이다
인(仁)으로 임무를 삼으니 책임이 무겁지 않은가
죽은 뒤에야 끝이 나니 갈 길이 멀지 않은가"

사(土)는
독서를 통해 도를 구하는 사람
도(道)는
인간이 마땅히 걸어가야 할 길

사(土)는 도를 구하고
몸으로 실천하는 사람이니
그 임무가 무겁지 않은가
사(土)는 죽은 뒤에야
그 임무가 끝이 나니
그 길이 멀지 않은가

한 시대의 지식인들
두렵고 두렵지 않은가
공자의 이 말씀이

「**해설**」　증자[曾子: 曾參]가 말씀하기를 "사(士)는 마음을 드넓고 굳세게 해야 하니, 임무는 무겁고 갈 길은 멀기 때문이다. 인으로 자신의 임무를 삼으니 책임이 무겁지 않은가. 죽은 뒤에야 끝이 나니 갈 길이 멀지 않은가."라고 하였다. [曾子曰 士不可以不弘毅 任重而道遠 仁以爲己任 不亦重乎 死而後已 不亦遠乎](『논어』「태백」제7장)

　　　　사(士)는 독서인이고, 독서를 통해 도를 구해 세상에 쓰임이 있고자 하는 사람이다. 요즘 말로 하면 진정한 지식인이다. 이 문장은 지식인의 임무를 간결하면서도 심도 있게 말한 것이다. 사(士)가 깨어나야 그 시대 문명이 밝아진다. 조선시대 사인들은 사화와 당쟁을 통해 '깨어있는 지식인'인 선비로 거듭 나서 무도한 정권이나 무도한 권력자들과 당당하게 맞섰다. 그런데 지금은 어떤가? 깨어있는 지식인이 없지는 않지만 그들의 정신이 예전만 못하다.

시를 통해 일으키고 예를 통해 확립하고

공자는 말씀하였다
"시(詩)에서 일으키고
예(禮)에서 수립하고
악(樂)에서 이룩하라"

시(詩)에서 무엇을 일으키라는 것인가
시는 성정(性情)에서 우러난 것인지라
사람들의 마음을 감동시키기가 쉽다
그러므로 배우는 사람이
남들이 노래한 시를 읽으면서
선을 좋아하고 악을 미워하는 마음을 일으키면
선을 지향하는 마음으로 채울 수 있다

예(禮)에서 무엇을 수립하라는 것인가
예는 성인이 중도에 맞게 절제해 놓은
사람들이 마땅히 따라야 할 규범이다
그러므로 배우는 사람이
예를 통해 자신을 단속하여
윤리에 맞도록 가치관을 확립하면
언행이 법도에서 벗어나지 않을 수 있다

악(樂)에서 무엇을 이룩하라는 것인가

음악은 성정을 기르고 감정을 순화하니
사람들의 마음을 정화시키는 약이다
그러므로 배우는 사람이
음악을 통해 의리를 정밀하게 하고
인(仁)을 완숙하게 하여
마음을 화평하게 하면
학문이 성취되어 군자가 될 수 있다

「해설」 공자가 말씀하기를 "학자는 시에서 호선오악의 마음을 일으키고, 예에서 자신의 가치관을 확립하고, 음악에서 마음의 화평을 이룩해야 한다."라고 하였다.[子曰 興於詩立於禮 成於樂](『논어』「태백」제8장)
　　　이 문장은 먼저 시를 통해 호선오악(好善惡惡)의 감정을 일으키고, 다음 예를 통해 가치관을 확립하고, 마지막으로 음악을 통해 마음의 화평을 이룩해야 한다는 학문의 성취과정을 차례로 말한 것이다. 시와 예와 음악, 이는 나의 마음을 가다듬고 평화롭게 하는 묘약이다.

죽음으로 도를 지키며 도를 잘 보전하라

"도를 독실하게 믿고 도를 배우길 좋아하며
도를 죽음으로써 지키고 도를 잘 보존하라"

공자의 이 말씀
알기 어려울 뿐만 아니라
실천하기는 더욱 어렵네

도를 독실하게 믿기만 하고
도를 배우기를 좋아하지 않으면
실체를 모르는 맹목적 믿음일 뿐

도를 죽음으로써 지키기만 하고
도를 잘 보존하지 못하면
도를 전하지 못하는 헛된 죽음일 뿐

도를 독실하게 믿을 뿐만 아니라
그 실체를 올바로 배워 터득하고
도를 죽음으로 지킬 뿐만 아니라
도가 없어지지 않게 보존하는 것
그것이 곧 도를 자임하는 사람이
평생 짊어지고 가야 할 일이라네

「**해설**」 공자가 말씀하기를 "도를 독실하게 믿고 도를 배우길 좋아하며, 도를 죽음으로써 지키고 도를 잘 보전하라."라고 하였다.[子曰 篤信好學 守死善道](『논어』 「泰伯」 제13장)

수사선도(守死善道)는 구한말부터 일제강점기를 산 우리 선조들이 몸으로 실천한 것이기에 더욱 현실성이 있고 소중한 말이다. 조선 시대 선비들은 이를 목숨보다 더 소중하게 여겼다. 그래서 조선 시대가 끝나는 시점에 안중근 의사 같은 분이 나온 것이다. '죽음으로써 도를 지킨다.'는 것은 이 세상의 상식을 지키는 일이고, 이 세상의 정의를 지킨다는 말이다. 여기서의 '도'는 민주, 자유, 평화, 정의, 공정, 상식 등이 모두 해당된다.

공자께서는 네 가지를 끊으셨다

공자는 네 가지를 끊으셨으니
사사로운 생각을 하는 것이 없었고
꼭 어떻게 하겠다는 마음이 없었고
어떤 주장을 고집하는 것이 없었고
나라고 하는 의식을 갖지 않았네

마음에서 싹튼 생각이 사사로우면
사적인 이익을 추구하게 되고
어떤 일을 꼭 이루겠다고 생각하면
그 일에만 집착하여 평정심을 잃고
자신의 주장만을 고집하게 되면
남들의 말에 귀를 기울이지 않고
나라고 하는 의식을 갖게 되면
남의 처지를 헤아리지 못하게 되네

이 네 가지 마음이 없으면
그때그때의 처한 상황에 따라
알맞고 올바른 것을 따르고
이 네 가지 마음이 없으면
치우치거나 기울지 않고
지나치거나 미치지 못함이 없으리

공자는 이 네 가지를 끊어
하늘이 만물을 덮어주고
땅이 만물을 실어주는 것과
동일한 일을 하였네
공자는 이 네 가지를 끊어서
천지가 만물을 낳아주는 마음인
인(仁)을 홀로 얻으셨네

「해설」 "공자께서는 네 가지를 끊으셨으니, 사사로운 생각
이 없으셨고, 꼭 어떻게 하겠다는 마음이 없으셨고, 어떤
주장을 고집하는 것이 없으셨고, 나라고 하는 의식이 없으셨
네."라고 하였다.[子絶四 毋意 毋必 毋固 毋我](『논어』「자한」
제4장)

　　　'절(絶)'은 '다하여 아예 없다'는 뜻이고, '무(毋)'는
'하지 말라'는 뜻이 아니고 '없다'는 뜻이다. 맨 뒤에 있는
'아(我)'는 자신에게만 집착하는 의식이다. 지식인에게 이
런 네 가지 마음이 있으면 편견을 갖게 되고 아집을 갖게
되어 독선을 일삼게 된다. 남의 말에 귀를 기울이지 않고
일일이 토를 달며 문제를 삼는 사람들이 대체로 이런 성향
이 있다.

나는 좋은 값을 받고 팔 것이다

학자가 공부를 하는 것은
성인의 도를 터득하여
실용에 이바지하기 위한 것
먼저 성인의 도를 구해
내 몸에 간직하여
나를 옥으로 만들고서
제값을 주고 사러오는
사람을 기다리는 것이
사(士)의 본분이다

도를 행하려면
알아주는 임금을 만나야 하니
옥이 좋은 값을 받고 팔리기를
기다리는 것처럼
예를 갖추어 부르는 임금을
기다려야 한다

공자는 이렇게 말씀하였지
'쓰이면 도를 행하고
쓰이지 않으면 도를 간직한다'고

세상에 쓰이고

쓰이지 않는 것은
나에게 있지 않고
하늘에 달려 있네

「해설」 자공(子貢)이 묻기를 "여기에 아름다운 옥이 있는
데, 궤짝에 넣어 보관해야 할까요? 좋은 값을 받고 팔아야
할까요?"라고 하니, 공자가 대답하시기를 '그 옥을 팔아야
할 것이지만, 나는 좋은 값은 받고 팔기를 기다릴 것이다."
라고 하였다.[子貢曰 有美玉於斯 韞匵而藏諸 求善賈而沽諸 子曰
沽之哉沽之哉 我待賈者也](『논어』「자한」제12장)
        옥은 도(道)를 비유한다. 공자는 도를 구해 현실에
쓰려고 하였다. 옛날 사람들은 경전을 공부하는 이유를 실
용에 두었다. 오늘날 인문학의 실용적인 측면에 대해 회의
하는 사람이 많지만, 보편적 진리를 터득해 합리적 사유를
한다면 주위 사람들에게 영향을 미쳐 보편적 상식이 통하
는 세상을 만들 수 있다. 그러니 물질문명을 편리하게 하는
자연과학에 못지않게 실용적인 가치가 있는 것이다.

흘러가는 것은 이와 같구나

공자는 물만 보면 탄식을 했는데
어느 날 냇가에서 이렇게 말씀하였네
"흘러가는 것은 이와 같구나
밤낮으로 쉬지 않는구나!"

천지의 조화는 끊임없이 유행하여
쉬지 않고 흘러가는 시냇물과 같다
눈앞에 보이는 시냇물은
근원이 있는 샘에서 솟아나
높은 데서 낮은 데로 흐르며
바위에 부딪히고 산모퉁이를 굽이돌고
웅덩이를 채우고 폭포에 떨어지며 흘러
지금 내 앞을 지나고 있다
그리고 앞으로 끝없이 흘러
끝내 바다에까지 도달한다

공자는 눈앞의 시냇물을 보고서
물의 본성을 터득했을 뿐 아니라
자연의 이치까지 터득했으니
천지의 도는 끊임없이 운행하며
한 순간도 그치지 않는다는 것

이 말씀을 우리가 받아들이면
이치에 순응하려는 마음을
한 순간도 멈추지 말라는 것

「해설」 공자께서 시냇가에 계실 적에 말씀하기를 "흘러가
는 것은 이와 같구나. 밤낮으로 그치지 않는구나."라고 하
였다.[子在川上曰 逝者如斯夫 不舍晝夜](『논어』「자한」제16장)
　　　　이는 흘러가는 시냇물을 보고 자연의 이치를 터득
하여 그 이치를 따라 살아야 함을 말한 것이다. 우리 주변
에는 어디서나 자연의 이치를 관찰할 수 있다. 날아가는
새, 흘러가는 구름, 졸졸 거리는 시냇물, 파릇파릇한 산의
빛깔, 이 모두는 자연의 이치가 드러난 것이다. 그것을 보
면서 그 이치를 알면 인간 존재의 이치, 인간 사회의 이치
도 어렵지 않게 알 수 있다. 고요한 밤에 소수서원 앞 경렴
정(景濂亭)에 가서 졸졸 거리는 시냇물 소리를 들어보고, 신
록의 계절에 그 앞에서 소백산 자락을 바라보라. 거기서
산색(山色)을 보고 계성(溪聲)을 들으며 '솔개는 하늘에 날
고 물고기는 연못에서 뛰노네.[鳶飛戾天 魚躍于淵]'라는 뜻
을 음미해 보라.

지나침은 모자람과 같다

공자 문하에서
자장(子張)은 지나치고
자하(子夏)는 미치지 못했네
머리 좋은 자공(子貢)이
'이 두 사람 중에 누가 더 나은가'를 묻자
공자는 '지나침은 모자람과 같다'고 했네

과유불급이라는 말을
누구나 입에 올리면서도
정작 중용의 도를 추구하라는
공자의 속마음은 읽지 못하네

중용은
치우치지 않고
기울어지지 않으며
지나치지도 않고
미치지 못하지도 않는
공정하고 균형 잡힌 마음을
한 순간도 그치지 않고
오래오래 유지하는 것

그 중용이 바로

공자의 마음이었네

「해설」 자공이 묻기를 "전손사(顓孫師: 子張)와 복상(卜商: 子夏) 중에 누가 더 어집니까?"라고 하니, 공자가 말씀하기를 "전손사는 지나치고 복상은 미치지 못한다."라고 하였다. 자공이 다시 묻기를 "그렇다면 전손사가 더 낫습니까?"라고 하니, 공자가 말씀하기를 "지나침은 미치지 못하는 것과 같다."라고 하였다.[子貢問 師與商也孰賢 子曰 師也過 商也不及 曰 然則師愈與 子曰 過猶不及](『논어』「선진(先進)」제15장)

지나치지도 않고 미치지 못하지도 않는 것이 중용(中庸)의 도이다. 공자는 지나치면 잡아당기고 모자라면 끌어주어 중도에 맞는 인재를 양성하고자 하였다. 중용은 이것과 저것의 중간이라고 오해할 수 있는데, 마음이 중심을 잡아 어느 쪽으로 치우치거나 기울지 않고, 지나치거나 모자람이 없는 균형 잡힌 공정한 마음을 늘 유지하는 것을 말한다.

중유仲由는 거칠고 속되다

공자는 제자들을 논평하며
"고시(高柴)는 우직하고
증삼(曾參)은 노둔하고
전손사(顓孫師)는 편벽되고
중유(仲由)는 거칠고 속되다"고 했네
성인이 어찌 이처럼
제자들을 혹평했단 말인가

공자의 이 말씀은
제자들을 혹평한 것이 아니고
성품의 치우친 점을 지적하여
스스로 부족한 점을
채우게 하기 위해
일부러 하신 말씀
이는 마치 명의가 진맥을 하여
병의 근원을 찾아낸 것과 같네

오늘날의 의술로도
병의 근원을 찾지 못하여
얼마나 많은 검사를 하고
얼마나 많은 오진을 하는가

공자의 이 말씀은
병의 근원을 정확히 진찰하여
침 한 방을 놓아
병을 낫게 한 의술이라네

「해설」 공자가 말씀하기를 "고시(高柴)는 우직하고, 증삼
(曾參)은 노둔하고, 전손사(顓孫師)는 편벽되고, 중유(仲由)
는 거칠고 속되다."라고 하였다.[〈子曰〉柴也愚 參也魯 師也辟
由也喭](『논어』 「선진」 제17장)

　　이 문장은 얼핏 보면 공자가 제자들의 단점을 지적
한 것 같지만, 각자의 치우친 성품을 지적하여 스스로 고쳐
나가게 한 것이니, 명의가 정확히 병의 근원을 진찰하여
처방한 것이라 하겠다.

기수沂水에서 목욕하고 무우舞雩에서 바람 쐬고

삼년 동안 배우고서
벼슬길에 나아가길 구하지 않는 자를
보기 어렵다고 공자는 늘 탄식하였네
오직 안회(顏回)만은 식량이 떨어져도
도를 구하려는 마음을 놓지 않아
공자는 늘 그를 어질다 칭찬했네
그 세상에 이런 사람 또 있었으니
증삼의 아버지 증점(曾點)이라네
그는 벼슬보다 도를 구하며 살고자 해
"저는 늦은 봄날 봄옷이 완성되면
어른 대여섯 동자 예닐곱 명과 함께
기수(沂水)에 가서 목욕을 하고
무우(舞雩) 언덕에 올라 바람 쐬고
시를 읊조리며 돌아오고자 합니다"라고 했네

이 말은 산수에서 인지(仁智)를 터득한
공자의 의중을 꿰뚫어 본 것이라네
벼슬하여 녹을 구하는 것보다
산수에서 도를 구하고 싶다는 말

아! 이 말이 깊은 여운을 남겨
조선의 선비들은 산수에 묻혀

성명(性命)을 온전히 보전하는 것을
가장 가치 있는 삶으로 여겼네
조선 땅 아름다운 산수 곳곳에
수많은 영귀대(詠歸臺)와 영귀정(詠歸亭)
모두 이런 마음을 담아놓은 곳이라네

「해설」 증석(曾晳)이 말하기를 "저는 늦은 봄날 봄옷이 완성되거든 갓을 쓴 어른 대여섯 명과 동자 예닐곱 명과 함께 기수에 가서 목욕을 하고, 무우 언덕에 올라 바람을 쐬고, 시를 읊조리며 돌아오고자 합니다."라고 하였다.[曾晳曰 莫春者 春服旣成 冠者五六人 童子六七人 浴乎沂 風乎舞雩 詠而歸] (『논어』「선진」 제25장)

증삼(曾參)의 아버지 증점(曾點)의 자(字)가 자석(子晳)이므로 증석(曾晳)이라고도 부른다. 조선 시대 학자들은 증점의 지향을 고상하게 여겨 성명(性命)을 온전히 보전하는 삶을 가장 가치 있는 일이라고 여겼다. 그래서 정치권에 나아가기보다는 산림에 은거하여 본성을 온전히 하는 삶을 더 소중하게 생각하였다. 그 발자취가 산수가 아름다운 이 땅의 곳곳에 남아있는데, 오늘날에는 그것을 아는 사람이 아무도 없다.

사욕을 극복해 예로 돌아가는 것이
인을 행하는 길

안회가 인(仁)을 묻자 공자는 이렇게 답했네
"극기복례(克己復禮)가 인을 행하는 방법이니
하루하루 자신의 사욕을 극복해 예로 돌아가면
천하 사람들이 그의 인을 인정할 것이다"

안회는 인을 물었는데 공자는 예(禮)를 말했네
왜 그랬을까
예(禮)는 인의예지의 하나이지만
천리(天理)와 인사(人事)를 겸하니
천리는 인의예지의 예를 말하고
인사는 예의범절의 예를 말하네

예의가 아니면 보지 말고
예의가 아니면 듣지 말고
예의가 아니면 말하지 말고
예의가 아니면 행하지 말라는 것은
인사를 말한 것이지만
사욕을 극복해 예로 돌아가면
다시 천리와 하나가 되네

사람에게는 인욕이 없을 수 없으니

눈과 귀와 입과 몸을 잘 살펴
사욕을 즉시 물리치는 것이
인의예지 본성을 회복하는 일

「**해설**」　안연이 인(仁)을 묻자, 공자가 말씀하기를 "극기복
례가 인을 실천하는 방법이니, 하루하루 극기복례하면 천
하 사람들이 그의 인을 인정할 것이다. 인을 실천하는 것은
나를 말미암으니 어찌 남을 말미암겠는가."라고 하니, 안
연이 "그 조목을 청하여 묻습니다."라고 하여, 공자가 말씀
하기를 "예가 아니면 보지 말며, 예가 아니면 듣지 말며,
예가 아니면 말하지 말며, 예가 아니면 행동하지 마는 것이
다."라고 하였다.[顔淵問仁 子曰 克己復禮爲仁 一日克己復禮 天
下歸仁焉 爲仁由己 而由人乎哉 顔淵曰 請問其目 子曰 非禮勿視
非禮勿聽 非禮勿言 非禮勿動](『논어』「안연(顔淵)」제1장)

　　　사람은 눈·귀·입 등 감각기관을 통해 사물을 인식
하는데, 그중 눈·귀·입이 가장 중요하다. 그래서 이런 감
각기관을 잘 단속하면 사욕을 극복해 물리칠 수 있다. 이것
이 유교의 심성수양론이다. 조선에서 이를 가장 잘 실천한
인물이 남명(南冥) 조식(曺植)이다.

아비는 아비답고 자식은 자식답게

제나라 임금이 정사를 물었는데
공자는 이렇게 답하였네
"임금은 임금답고
신하는 신하다우며
아비는 아비답고
자식은 자식다운 것입니다"

임금이 임금답지 못하고
신하가 신하답지 못한 것을
우리는 역사 속에서 익히 보았네
아비가 아비답지 못하고
자식이 자식답지 못한 것을
우리는 지금도 듣고 있네

인륜이란 다른 것이 아니고
아비는 아비답고 자식은 자식다운 것
나라에는 임금다운 임금이 있어야 하고
조정에는 신하다운 신하가 있어야 하며
가정에는 아비다운 아비가 있어야 하고
가족에는 자식다운 자식이 있어야 하네

자기 역할을 다하지 않아

임금이 임금답지 않으면
횃불이 타오르고
자식이 자식답지 않으면
금수라고 지목하네

「**해설**」 공자가 대답하기를 "임금은 임금다워야 하고, 신하
는 신하다워야 하고, 아비는 아비다워야 하고, 자식은 자식
다워야 합니다."라고 하였다.[孔子對曰 君君 臣臣 父父 子子]
(『논어』 「안연」 제11장)

　　　　사람이 사람답지 못하면 금수(禽獸)라고 한다. 금
(禽)은 날짐승이고 수(獸)는 길짐승으로, 금수라는 말은 '짐
승과 다름없다'는 뜻이다. 이 날짐승이나 길짐승은 아비도
몰라보고, 어미도 몰라보아 서로 교미를 하기도 하니, 윤리
가 없는 것을 상징한다. 사람이 사람답지 못하다는 것은
자기 역할을 못하는 것이니, 공자의 이 말씀 참으로 간결하
면서도 의미심장하다.

군자는 벗을 통해 인을 향상시키네

벗이란 어떤 존재인가
맹자는 '그의 덕을 벗하는 것'이라 했으니
벗함은 명예나 지위를 벗하는 것이 아니네
더구나 오늘날은
술이나 함께 마시는 사람
골프나 함께 치는 사람
이런 사람들을 벗이라 하네
벗은 본디
뜻을 함께 하는 사람
동지자가 아니라면
벗이 아니라네

증삼은 말하였지
'군자는 글을 통해 벗을 모으고
벗을 통해 자신의 인을 향상시킨다'고

글을 함께 읽는 사람은
학우(學友)라 하고
도를 함께 구하는 사람은
도반(道伴)이라 하네

벗을 통해 덕을 날로 향상시키면

그 벗은 나에게 유익한 벗이니
마치 두 연못이 나란히 붙어 있어
서로를 정화시켜주는 것과 같네

「**해설**」　증자[曾子: 曾參]가 말씀하기를 "군자는 문(文)으로써 벗을 모으고, 벗으로써 자신의 인을 향상시킨다."라고 하였다.[曾子曰 君子 以文會友 以友輔仁](『논어』「안연」 제24장)
　　　　벗은 뜻을 함께 하는 동지(同志)이다. 뜻을 함께 하는 사람이어야 나에게 유익한 벗이 될 수 있으니, 그렇지 않으면 나의 뜻에 걸림이 될 수 있다. 벗이 많다고 자랑할 일이 아니고, 나의 인(仁)을 북돋아줄 유익한 벗이 있는 것이 중요하다. 나를 있는 그대로 인정하고, 나를 알아주고 내 말을 들어주는 벗은 소중한 사람이다. 그런데 여기에서 한 걸음 더 나아가 나를 더 나은 사람으로 이끌어주는 사람이 진정한 벗이다.

마음가짐을 게을리 하지 말라

자로(子路)가 정사를 묻자
공자는 이렇게 말씀하였네
"먼저 솔선수범하고
몸소 애써 일하는 것이다"

자로가 더 하실 말씀이 없냐고 물으니
공자는 말씀하였네
"마음가짐을 게을리 하지 마는 것이다"

공자는 자장(子張)이 정치를 물었을 때
"마음가짐을 게을리 하지 말고
진실한 마음으로 일을 하는 것이다"라고 답했네

'마음가짐을 게을리 하지 말라'는 말씀
정치의 핵심을 지적한 것이니
정치인이 어찌 안일할 수 있으리
정치를 하는 사람은
밤낮으로 눈과 귀를 열어놓고
억울한 사람이 없는지
소외된 사람이 없는지를 살펴야 한다

「**해설**」 자로가 정치를 묻자, 공자가 말씀하기를 "백성들보다 솔선하고 백성들보다 수고하는 것이다."라고 하였다. 자로가 말씀을 더 청하자, 공자는 "마음가짐에 게으름이 없는 것이다."라고 하였다.[子路問政 子曰 先之勞之 請益 曰 無倦](『논어』「안연」 제14장) 자장(子張)이 정치를 묻자, 공자가 말씀하기를 "마음가짐이 게으름이 없고, 진정성으로 정사를 행하는 것이다."라고 하였다.[子張問政 子曰 居之無倦 行之以忠](『논어』「자로」 제1장)

정치란 무엇인가? 공자는 "정치란 바로잡는 것이다.[政也者 正也]"라고 하였다. 무엇을 바로잡는 말인가? 바르지 못한 것을 바르게 한다는 뜻이다. 민생에 해를 끼치고 사회에 악영향을 끼치는 것을 바로잡는 것이 정치이다. 그런데 말로만 하는 것이 아니고 솔선수범해야 하며, 조금이라도 나태한 마음이 있어서는 안 된다. 바로잡는다는 것은 비정상을 정상(正常)으로 돌려놓는 것이다. 그런데 그 정상은 내가 생각하는 정상이 아니고, 국민대중이 생각하는 보편적 의미의 정상이어야 한다.

나는 기필코 명분을 바르게 하겠다

공자는 제자들과 천하를 주유하다
위(衛)나라에 머물고 있을 적에
자로가 공자에게 물었다
"선생께서 위나라 정사를 하신다면
무엇부터 먼저 하시겠습니까"
공자가 답했다
"나는 기필코 명분을 바르게 하겠다"
자로가 말했다
"선생께서는 이처럼 물정에 어두우십니다
어떻게 이 나라 명분을 바로잡는단 말입니까"
공자가 말했다
"속되구나! 중유(仲由)여
군자는 모르는 것에 대해 말하지 않는다
명분이 바르지 않으면 말이 순조롭지 않고
말이 순조롭지 않으면 일이 이루어지지 않고
일이 이루어지지 않으면 예악이 일어나지 않고
예악이 일어나지 않으면 형벌이 적중하지 않고
형벌이 적중하지 않으면 백성이 수족을 둘 곳이 없게 된다"

명분과 실상은 별개가 아니니
근본이 바르지 않으면 말과 일이 구차해지고
근본이 반듯하면 말과 일이 순조롭게 되네

근본이 바르지 않으면 형벌이 지나치게 되고
근본이 반듯하면 예와 악이 일어나네

「**해설**」　자로(子路)가 "위(衛)나라 임금이 선생을 기다려 정
치를 하려고 하는데, 선생께서는 무엇부터 먼저 하시겠습
니까?"라고 묻자, 공자가 말씀하기를 "나는 기필코 명분을
바르게 하겠다."라고 하였다.[子路曰 衛君待子而爲政 子將奚
先 子曰 必也正名乎](『논어』 「자로」 제3장)

　　'정치란 무엇인가?'를 다시 생각해 보게 하는 말이
다. '명분을 바르게 한다'는 것은 '사회적 기강을 공정하게
바로 세운다'는 말이다. 여기서 우리는 다시 근본 문제를
돌이켜 보아야 한다. 우리 사회의 근본적인 가치가 무엇일
까? 우리는 누구나 평등하며 자유롭고 정의로운 사회를 부
르짖는다. 그러나 현실사회는 결코 평등하고 자유롭고 정
의롭지 못하다. 그 근본을 다시 정립하는 것이 정치의 본질
이다. 나의 자유, 평등, 정의가 아니라 국민대중이 바라는
자유, 평등, 정의를 확립하는 것이 명분을 바르게 하는 일
이다.

광자狂者와 견자狷者

광(狂)과 견(狷)은 모두 개과 동물로
광(狂)은 정신이 착란하여
미친 듯 날뛰며 달리는 개
견(狷)은 성질이 조급하여
의심이 많고 주저하는 개
이런 개의 성질을 사람에 비유하여
적극적으로 나서는 사람은 광자(狂者)로
소극적으로 주저하는 사람은 견자(狷者)라 했네

일찍이 공자가
'중도를 행하는 사람과 함께 할 수 없을 경우
광자나 견자와 함께 하겠다'고 하며
'광자는 적극적으로 나아가 취하고
견자는 하지 않는 것이 있다'고 하였네
맹자는 이를 풀이하여
광자는 지향을 높게 하지만 실천이 못 미치는 사람
견자는 외롭게 원칙만을 고수하는 사람이라 하였네

지향을 높게 하여 요순처럼 되기를 희망하면
정상에 서지 못하더라도 높은 곳에 오를 수 있으리
부화뇌동하지 않고 원칙을 굳게 지키면
쓸쓸하고 외롭지만 방정함을 지킬 수 있으리

세상에는 언제나 속물로 넘쳐나지만
고상한 꿈과 개결한 지조를 가진 이가 있으니
그들과 함께 하는 것이 미래를 꿈꾸는 일이다

「**해설**」　공자가 말씀하기를 "중도를 행하는 사람을 얻어 함
께 할 수 없다면 나는 반드시 광자나 견자와 함께 할 것이
다. 광자는 진취적이고, 견자는 하지 않는 것이 있다."라고
하였다.[子曰 不得中行而與之 必也狂狷乎 狂者進取 狷者有所不
爲也](『논어』「자로」제21장)
　　　　광자는 행실이 못 미치지만 '나도 요순처럼 될 수
있다'는 거대한 꿈을 꾸며 진취적인 생각으로 적극적인 자
세를 가진 사람이다. 견자는 진취적이지는 못하지만 자기
원칙이 분명하여 함부로 하지 않는 것이 있는 사람이다.
부족하지만 진취적인 사람, 소극적이지만 자기 원칙이 뚜렷
한 사람, 둘 다 모두 세상에 필요한 사람이다. 원칙도 없고
적극적인 추진력도 없는 사람들이 세상이 얼마나 많은가.

강의목눌剛毅木訥

공자는 말씀하였네
'강하고 꿋꿋하고 질박하고 어눌한 사람이
인(仁)에 가깝다'고
무슨 말씀인가
강(剛)은 견고하고 강직한 불굴의 자질
의(毅)는 분발하여 흥기하는 굳센 기상
목(木)은 질박하여 꾸밈이 없는 성질
눌(訥)은 무디어서 할 말을 참는 성품

불굴의 강직함과
분발하는 굳센 기상이 있으면
물욕의 유혹에 넘어가지 않고
질박한 성질과
어눌한 성품이 있으면
마음이 밖으로 달아나지 않네

본심을 지키고
양심을 잃지 않으면
인(仁)에 다가갈 수 있으니
강의목눌은
교언영색(巧言令色)과
하늘과 땅만큼 멀구나

「**해설**」 공자가 말씀하기를 "강하고 꿋꿋하고 질박하고 어눌한 사람이 인(仁)에 가깝다."라고 하였다.[子曰 剛毅木訥近仁] (『논어』「자로」제27장)

　　공자의 말씀은 짧지만 여운이 길다. 공자가 생각한 인간형은 말이나 솜씨 있게 잘하고, 얼굴빛이나 잘 꾸미고, 비굴하게 굽실거리며 아첨하는 그런 사람이 아니다. 불굴의 자질과 굳센 기상으로 질박하면서 말수가 적은 사람이다. 말이 많고 말을 잘하는 사람은 자기말만 하고 남의 말은 전혀 듣지 않으며, 얼굴빛을 잘 꾸미는 사람은 시세에 영합하며 이익을 좇아 정직하지 않다.

완성된 사람

성년이 된 사람을 성인(成人)이라 부르지만
덕이 완성된 사람도 성인(成人)이라 부르네
공자는 처음에
지혜와 청렴과 용기와 재예(才藝)를 갖춘 데다
예로 절제하고 음악으로 조화하여
덕이 완성되어 겉으로 드러난 사람을
덕이 완성된 성인으로 보았지만
그런 사람 찾아볼 수 없자
이익을 보고 의리를 생각하며
위태로움을 보고 목숨을 바치며
약속을 저버리지 않는 신실한 사람이라면
성인이라 할 수 있다고 했네

나라가 위태로운 것을 보고
목숨을 바친 안중근 의사
사리(私利)보다는 공의(公義)를 따라
지조를 지킨 조선 선비들
조선시대에는 그래도
성인이 많았는데
오늘날 대한민국에는
눈을 씻고 찾아보아도
성인을 찾아볼 수 없구나

「해설」 자로가 성인(成人)을 묻자, 공자가 말씀하기를 "장무중(臧武仲)의 지혜와 공작(公綽)의 청렴과 변장자(卞莊子)의 용기와 염구(冉求)의 재예(才藝)에 예악으로 문채를 낸 사람이라면 성인이라 할 수 있다."라고 하고, 또 "오늘날의 성인이 어찌 반드시 그렇겠는가. 이(利)를 보고 의(義)를 생각하며, 위태로움을 보고 목숨을 버리며, 오래된 약속에 평소의 말을 잊지 않으면 또한 성인이라 할 수 있다."라고 하였다.[子路問成人 子曰 若臧武仲之知 公綽之不欲 卞莊子之勇 冉求之藝 文之以禮樂 亦可以爲成人矣 曰 今之成人者 何必然 見利思義 見危授命 久要 不忘平生之言 亦可以爲成人矣](『논어』「헌문(憲問)」제13장)

완성된 사람은 어느 시대나 찾아보기 어렵다. 그러나 공자의 말씀처럼 사리(私利)를 버리고 공의(公義)를 택하며, 위태로운 세상을 나 몰라라 하지 않고 목숨을 버려서라도 구제하려 하는 사람이라면 완성된 사람으로 이름을 전할 것이다. 안중근 의사 같은 분이 바로 그런 사람이다.

오늘날 학자는 남을 위한다

공자는 말씀하였네
"옛날의 학자들은 자신을 위한 공부를 했는데
오늘날의 학자들은 남을 위한 공부를 하네"

자신을 위한 실질적인 공부를
위기지학(爲己之學)이라 하고
남에게 보이기 위한 공부를
위인지학(爲人之學)이라 하네
오늘날에는 이 말조차 아는 사람이 없어
위인지학이 좋은 것이 아니냐고 되묻네

남에게 보이기 위한 공부는
귀로 듣고 입으로 말하는 구이지학(耳口之學)
미사여구로 글이나 짓는 사장지학(詞章之學)
많이 알고 자랑이나 하는 기송지학(記誦之學)
과거공부나 부지런히 하는 과거지학(科擧之學)
예나 지금이나 대부분의 학자가
이런 공부에 매달리고 있네

나를 위한 실질적인 공부는
도를 구해 스스로 터득하고
덕을 닦아 내면에 축적하여

말을 하면 남을 감동시키고
행동을 하면 본보기가 되는 것

위기(爲己)의 공부는
자신을 완성하지만
위인(爲人)의 공부는
자신을 잃게 된다네

「**해설**」 공자가 말씀하기를 "옛날의 학자는 자신을 위하였
는데, 오늘날의 학자는 남을 위하네."라고 하였다.[子曰 古
之學者 爲己 今之學者 爲人](『논어』「헌문」제25장)
      남에게 나를 드러내 보이기 위한 공부가 아니라,
나 자신을 위한 실질적인 공부, 그것은 바로 도를 구해 덕
을 닦는 공부이다. 이는 도를 깨달아 터득해서 나의 것으로
만드는 일이니, 덕이 있어야 사람들이 모이고, 민중의 지지
를 받게 된다.

수기안인修己安人

자로(子路)가 물었다
"어떤 사람이 군자인가요"
공자가 답했다
"공경함으로써 자신을 수양하는 사람이다"
자로가 물었다
"그것뿐입니까"
공자가 답했다
"자신을 수양해 남을 편안히 해주는 사람이다"
자로가 또 물었다
"그것뿐입니까"
공자가 답했다
"자신을 수양하여 백성을 편안히 해주는 사람이다
자신을 수양하여 백성을 편안히 해주는 일은
요·순 같은 성인도 자신 없어 하셨다"

유학을 수기치인(修己治人)의 도라 말한다
그러나 나는 말한다
'유학은 수기안인(修己安人)의 도이다'라고
치인(治人)은
남을 다스리는 것이지만
안인(安人)은
남을 편안히 해주는 것이다

치(治)와 안(安)은
하늘과 땅만큼 차이가 있다
나는 감히 말한다
'군자는 수기치인하는 사람이 아니고
수기안인하는 사람'이라고

「**해설**」 공자가 말씀하기를 "군자는 경(敬)으로써 자기를 닦는 사람이고,……자기를 닦아 남을 편안히 해주는 사람이다."라고 하였다.[子曰 修己以敬……修己以安人](『논어』「헌문」제45장)

　　　마음을 수양하는 수신(修身)에는 경(敬)보다 더 긴요한 것이 없다. 경(敬)은 몸과 마음을 정돈하여 엄숙히 하는 것이고, 한 마음을 주로 하여 흩어져 달아나지 않게 하는 것이고, 달아나는 마음을 거두어 들여 보존하는 것이고, 마음이 혼몽해지지 않고 또렷이 깨어 있는 상태를 유지하는 것이고, 긴장감을 잠시도 느슨하게 하지 않는 것이다. 경(敬)은 하느님을 대하는 마음으로, 하늘이 늘 나를 내려다보고 있다고 생각하는 마음이다. 이런 마음으로 수신을 해야 남을 편안하게 해줄 수 있다. 그것이 수기안인이다.

말은 충신忠信하게 행동은 독경篤敬하게

자장(子張)이 자신을 경영하는 방법을 묻자
공자는 이렇게 말씀하였네
"말은 충성스럽고 신의 있게
행동은 독실하고 공경하게 하라
그러면 오랑캐 나라에서도
잘 처신할 수 있을 것이다"

공자는 또 말씀하였네
"말이 충성스럽고 신의 있지 않으며
행동이 독실하고 공경하지 않으면
비록 향리의 마을에 살지라도
제대로 처신할 수 있겠는가"

공자는 또 말씀하였네
"서 있을 적에는 눈앞에
충신(忠信)과 독경(篤敬)이 보이고
수레를 타고 있을 적에는 손잡이에
충신과 독경이 보여야 하니
그런 뒤에야 제대로 처신할 수 있네"

자신을 경영하는 것은
언행을 충신하고 독경하게 하는 것

말과 행동을 진실하고 공경히 하면
모든 사람이 나를 믿고 따를 것이다

「**해설**」 자장(子張)이 처신하는 것을 물었는데, 공자가 말씀
하기를 "말은 충성스럽고 신의 있게 행실은 독실하고 공경
히 하면 오랑캐 나라에 있을지라도 잘 처신할 것이지만,
말이 충성스럽고 신의가 있지 못하며 행실이 독실하고 공
경하지 못하면 고을의 마을에 살지라도 잘 처신할 수 있겠
는가. 서 있을 적에는 충신과 독경이 앞에 보이고, 수레를
타고 있을 적에는 충신과 독경이 가로지른 손잡이에 보여
야 하니, 그런 뒤에 자신을 잘 처신할 수 있다."라고 하였
다.[子張問行 子曰 言忠信 行篤敬 雖蠻貊之邦 行矣 言不忠信 行不
篤敬 雖州里 行乎哉 立則見其參於前也 在輿則見其倚於衡也 夫然
後行](『논어』「위령공(衛靈公)」제5장)

　　　말을 진실하고 신의 있게 하고, 행실을 독실하고
공경하게 하면 어느 사회에서나 인정을 받을 수 있다. 그러
니 이 충신과 독경 이 두 가지를 한 순간도 잊지 말고 늘
실천하는 일이 무엇보다 필요하다. '눈앞에 보이고', '손잡
이에 보인다'는 말은 늘 눈앞에 보이듯이 잠시도 잊지 않는
다는 뜻이다.

실언失言과 실인失人

공자는 이렇게 말씀하였네
"말을 해야 할 때 하지 않으면
사람을 잃고[失人]
말을 하지 않아야 할 때 말하면
말을 잃게 되네[失言]
지혜로운 사람은
사람을 잃지도 않고 말을 잃지도 않네"

지혜는 다른 것이 아니다
말을 해야 할 때
할 말을 분명히 하고
말을 하지 말아야 할 때
말을 하지 않는 것

말을 해야 할 때 말하지 않으면
남들이 나를 의심하고
말을 하지 말아야 할 때 말을 하면
남들이 나를 비웃으리

사람을 잃는 것
말하는 데 달렸으니
나를 의심하게 하고

나를 비웃게 하면
모두 나를 떠나가리

「**해설**」 공자가 말씀하기를 "더불어 말을 할 수 있는데 말하지 않으면 사람을 잃고, 더불어 말을 해서는 안 되는데 말을 하면 말을 잃게 된다. 지혜로운 자는 사람을 잃지 않고, 또 말도 잃지 않는다."라고 하였다.[子曰 可與言而不與言 失人 不可與言而與之言 失言 知者不失人 亦不失言](『논어』「위령공」제7장)

　　'한 마디 말로 천 냥 빚을 갚는다.'는 속담이 있지만, 말을 하지 않아 사람을 잃기도 하고, 말을 잘못하여 큰 실수를 하기도 한다. 마음을 붙잡고 늘 긴장하면 말실수를 적게 하지만, 긴장감이 풀리면 함부로 말을 하게 되어 실수를 하게 된다. 특히 술을 마시고 담대해지면 이런 실수를 하기 십상이니, 술자리에서 더욱 말을 조심해야 한다.

예쁜 여인을 좋아하는 것처럼 덕을 좋아하라

공자는 여러 차례 탄식하였네
'덕을 좋아하기를
여색 좋아하듯이 하는 사람을
나는 아직까지 보지 못하였다'고

예쁜 여인은
모든 남자가 좋아하며
누구나 절실히 원하니
그런 간절한 마음으로
덕을 좋아하라는 말씀

간절한 목마름으로
그날이 올 때까지를 노래하던
그 시절에는 그래도
덕을 좋아하는 이들이 있었는데
간절한 목마름이 사라진
오늘에는 아무리
사방을 둘러보아도
덕을 좋아하는 이가 보이지 않네

오늘도 여전히
공자의 이 말씀

우리 시대를 돌아보며
우리를 슬프게 하네

「**해설**」 공자가 말씀하기를 "그만두어라, 나는 덕을 좋아하기를 여색을 좋아하는 것처럼 하는 사람을 보지 못했다."라고 하였다.[子曰 已矣乎 吾未見好德 如好色者也](『논어』「위령공」 제12장)

　　　예쁜 여인을 보면 누구나 눈길이 가는 것이 인지상정이다. 이는 사람의 보편적 감정을 비유한 것이다. 사람들이 그런 마음처럼 덕이 있는 이에게 눈길을 주면 얼마나 좋을까. 그러나 안타깝게도 공자가 살던 세상에도 그런 사람은 극히 드물었다. 그러니 오늘날에는 그런 사람을 찾아보기란 더욱 어렵지 않겠는가. 물질보다 도를 깨달아 얻은 덕이 있는 이에게로 향하는 마음이 없다 보니, 세상 사람들은 오로지 돈만 좇아 달려가고 있을 뿐이다.

자신을 책할 적에는 두텁게
남을 책할 적에는 박하게

공자는 말씀하였지
'자신은 스스로 두텁게 질책하고
남을 질책할 적에는 박하게 하면
원망을 멀리 할 것이다'라고

자신을 질책하기를 두텁게 하면
자신은 더욱더 다듬어져서
덕이 쌓이고
남을 질책하기를 박하게 하면
남들이 나를 따르기 쉬워서
비난이 적으리

남을 꾸짖고 나무라는 일
누구나 하기 쉬우니
가장이라 하여
자식을 야단치지 말고
사장이라 하여
사원을 나무라지 말고
상관이라 하여
부하를 꾸지람하지 말게

꾸지람을 하려거든

남에게 하지 말고

자기 자신에게 하게

「**해설**」 공자가 말씀하기를 '자기 몸은 스스로 후하게 질책하고 남을 박하게 질책하면 원망을 멀리할 것이다.'라고 하였다.[子曰 躬自厚而薄責於人 則遠怨矣](『논어』「위령공」제14장)

　　우리는 흔히 '자신에게는 엄격하게 남에게는 너그럽게 하라'고 가르친다. 그러나 그러기는 결코 쉽지 않다. 우리 사회의 단면을 보여주는 '내로남불'은 이와는 정반대로 자신에게는 너그럽고 남에게는 엄격한 말이다. 누구나 내로남불을 탓하면서도 모두가 다 내로남불을 하고 있다. 그것은 민주화 과정에서 밖으로 정치사회적인 안목은 예리해졌지만, 안으로 자기비평은 결여되었기 때문이다. 엄격한 자기비판과 자기성찰이 전제되지 않으면 그 어떤 가치를 추구하더라도 그것은 사상누각에 불과할 것이다.

어찌할꼬 어찌할꼬

공자는 말씀하였지
"'어찌할꼬. 어찌할꼬'라고
고심하지 않는 사람에 대해서는
나는 그를 어찌할 수가 없다"

당면한 일을 스스로 해결하려
고심하지 않는 사람은
공자 같은 성인도
어찌할 수가 없다고 했네

문제해결을 위해
심사숙고하지 않고
단순히 생각하고
함부로 행동하면
자신을 욕되게 하고
자신을 망하게 하리

지금 여기에 나 홀로 서서
사면의 담장을 뚫고 나갈 방법은
오직 '어찌할꼬 어찌할꼬' 하며
스스로 답을 찾는 것일 뿐이다

「**해설**」 공자가 말씀하기를 "'어찌할꼬, 어찌할꼬'라고 말하지 않는 자에 대해서는 나는 그를 어찌할 수가 없다."라고 하였다.[子曰 不曰如之何如之何者 吾末如之何也已矣](『논어』「위령공」제15장)

　　스스로 문제를 해결하려고 고심하지 않으면 그 누구도 그 문제를 대신 해결해 줄 수 없다. 인생은 오롯이 자기 몫이다. 그러니 적극적인 의지를 갖고 문제해결을 위해 고군분투해야지, 어디에 의지할 생각을 하면 아무것도 얻을 수 없다. '어찌할꼬'는 문제를 정면으로 마주하여 진심진력해 뚫고 나가려는 굳센 의지와 자세를 필요로 한다.

군자의 처사

군자는 덕이 있는 사람
덕이 있는 군자는
남을 대할 적에 의(義)를 따르니
의는 올바르고 마땅한 것

공자는 이렇게 말씀하였네
"군자는 의를 근본으로 삼고서
예절로써 이 의리를 실천하고
겸손으로써 이 의리를 말하고
신실함으로써 이 의리를 이룩하네"

내면은 경(敬)을 위주로 하고
외면은 의(義)를 척도로 하니
내면을 정직하게 하고
외면을 방정하게 한 사람이 군자

외면은 의리를 위주로 하니
의리를 근본으로 삼고서
예의에 맞게 행동하고
겸손하게 말을 하고
신실하게 남을 대하면
그런 사람이 바로 군자

「**해설**」 공자가 말씀하기를 "군자는 의(義)로써 바탕을 삼고서 예로써 그 의리를 행하고, 겸손으로써 그 의리를 말하고, 신의로써 그 의리를 이룩하니, 그런 사람이 바로 군자이다."라고 하였다.[子曰 君子 義以爲質 禮以行之 孫以出之 信以成之 君子哉](『논어』「위령공」제17장)

　　『주역』「곤괘–문언」에 "마음을 공경히 하여 내면을 정직하게 하고, 마음을 의롭게 하여 외면을 방정하게 한다.[敬以直內 義以方外]"라고 하였는데, 이 의(義)는 외적으로 남을 대하고 일을 처리할 때의 척도인 '올바름[正]' 또는 '마땅함[宜]'이다. 이 마땅함을 바탕으로 예의에 맞게 행동하고, 겸손하게 말을 하고, 신의로써 남을 대하는 사람이 바로 군자이다.

군자는 자신의 무능을 병통으로 여긴다

공자는 말씀하였네
"군자는 자신의 무능을 병통으로 여기고
남이 자신을 알아주지 않음을
병통으로 여기지 않는다"

또 말씀하였지
"남이 나를 알아주기를 걱정하지 말고
자신의 유능하지 못함을 걱정하라"

또 말씀하였지
"지위가 없는 것을 걱정하지 말고
그 지위에 나아갈 방법을 걱정하라
남이 나를 알아주지 않음을 걱정하지 말고
남이 나를 알아줄 수 있게 되기를 구하라"

남이 아니고
바로
나
내가 나를
바로 알면
길이 보이리

「해설」　공자가 말씀하기를 "군자는 자신의 무능함을 병통으로 여기고, 남이 나를 알아주지 않음을 병통으로 여기지 않는다."라고　하였고[子曰　君子病無能焉　不病人之不己知也]『『논어』「위령공」제18장), 공자가 말씀하기를 "남이 나를 알아주지 못함을 걱정하지 말고 자신의 불능함을 걱정하라."라고　하였고[子曰　不患人之不己知　患其不能也]『『논어』「헌문」제32장), 공자가 말씀하기를 "지위가 없음을 걱정하지 말고 그 자리에 설 방법을 걱정하며, 자기를 알아주지 않음을 걱정하지 말고, 남아 나를 알아줄 수 있게 되기를 구하라."라고 하였다.[子曰　不患無位　患所以立　不患莫己知　求爲可知也]『『논어』「이인」제14장)

　　문제는 나에게 있는 것이지 남에게 있는 것이 아니다. 남의 시선을 의식하지 말고 나의 길을 묵묵히 걸어가며 나의 부족한 면을 채워나갈 따름이다. 나의 무능함, 나의 부족함, 나의 병폐 등을 돌아보고 보완하며 내가 할 수 있는 방법을 찾아 노력하면 내가 해야 할 일이 보일 것이다.

군자는 자신에게서 문제점을 찾는다

군자는 덕이 있는 사람
소인은 덕이 없는 사람
군자는 공적인 사람
소인은 사적인 사람

공자는 군자와 소인을
이처럼 상대적으로 말했네
그중에서 가장 절실한 말씀이
'군자는 자신에게서 문제점을 찾고
소인은 남에게서 문제점을 찾는다'는 것

군자가 되는 길은
자신에게 돌이켜 성찰하여
문제점을 찾아 고쳐나가는 것

소인은 늘
자신을 돌아보지 않고
남의 탓만 하는 사람

군자가 되는 길
어렵지 않으니
자신에게서 문제를 찾아

살피고 또 살펴야 하리

「**해설**」 공자가 말씀하기를 "군자는 자신에게서 문제점을 찾고, 소인은 남에게서 문제점을 찾는다."라고 하였다.[子曰 君子求諸己 小人求諸人](『논어』 「위령공」 제20장)

　　시선을 밖에 두지 않고 안으로 돌려 내가 누구인지, 어떤 사람인지를 성찰해야 한다. 깨끗한 거울을 보아야 자신의 얼굴이 어떻게 생긴 지를 알 수 있듯이, 내면의 모습을 비추어보지 않으면 자신을 올바로 알 수 없다. 만취 상태에서 거울을 보면 악마와 같은 자신의 모습을 발견하게 된다. 사람은 자기의 내면을 끊임없이 성찰하고 돌아보아야 자신의 본모습을 찾을 수 있다. 우리 시대에 가장 필요한 덕목이 바로 자신의 내면을 살피는 성찰이다. 우리는 순례 길을 걸으러 가면서 '나를 만나러 간다'고 말하지만, 성찰에 서툴러 그 길을 걸으면서도 자신의 근본을 돌아보지 못하고 탄성이나 지르며 한눈을 판다.

군자는 죽을 때까지
이름이 일컬어지지 않는 것을 미워한다

속담에 이렇게 말하였다.
'호랑이는 죽어서 가죽을 남기고
사람은 죽어서 이름을 남긴다'

사람이 이 세상에 태어나
이름을 남기는 세 가지가 있으니
하나는 공자처럼
덕으로 이름을 남기는 입덕(立德)
하나는 충무공처럼
공적으로 이름을 남기는 입공(立功)
하나는 윤동주처럼
글로 이름을 남기는 입언(立言)

이 모두 진실한 마음으로
선을 행한 실적이라네
세상에 이름을 남기려면
이 세 가지로 남겨야 하네

공자는 말씀하였네
"군자는 죽을 때까지 이름이
일컬어지지 않는 것을 미워한다"

이 말씀은
선을 행한 실적이 없음을
미워한다는 것이라네

「**해설**」 공자가 말씀하기를 "군자는 죽을 때까지 이름이 일컬어지지 않는 것을 미워한다."라고 하였다.[子曰 君子 疾沒世而名不稱焉](『논어』 「위령공」 제19장)

　　세상에 이름이 나는 것은 위에서 말한 세 가지밖에 없다. 악명이 나는 것은 말할 것도 없거니와, 정치인으로서 연예인으로서 체육인으로서 이름이 나는 것은 역사의 한 장에 기록되는 것일 뿐, 사람들의 마음에 남아 새겨지는 것은 아니다. 그래서 대장부의 이름은 덕을 세우거나 공을 세우거나 아름다운 말을 남겨 민중의 마음에 기억되는 것이 가장 아름답다. '하늘을 우러러 한 점 부끄러움이 없기를'이라고 노래한 윤동주 시인처럼 한 구절로 사람들의 마음을 영원히 움직일 수 있다.

종신토록 실천할 한 마디 말

지혜로운 자공(子貢)이 물었다
"종신토록 실천할 수 있는
한 마디 말이 있을까요"
공자가 답하였다
"그것은 바로 서(恕)야,
내가 하고 싶지 않은 것을
남에게 시키지 않는 것이야"

공자는 늘 충신(忠信)을 강조했으니
나의 진정성과 신의를 확보하라는 말씀
또 남을 대할 때에는 서(恕)를 강조했으니
진정성을 바탕으로 남을 헤아리라는 말씀

서(恕)는
내 마음으로
남의 마음을 헤아리는
인(仁)을 실천하는 방법

서(恕)는
죽을 때까지
실천해도 모자라는
가장 해볼 만한 일

매일 눈을 뜨고 잠들 적에
역지사지를 염불하듯 외우면
나의 성 밖에 있는 사람들도
나와 같은 줄을 알게 되리

「**해설**」　자공이 "죽을 때까지 실천할 수 있는 한 마디 말이
있을까요?"라고 묻자, 공자가 말씀하기를 "그것은 바로 서
(恕)야. 자기가 하고 싶지 않은 것을 남에게 베풀지 마는
것이야."라고 하였다.[子貢問日 有一言而可以終身行之者乎 子
日 其恕乎 己所不欲 勿施於人](『논어』「위령공」 제23장)
　　　서(恕)는 역지사지(易地思之)하는 것이고, 추기급인
(推己及人)하는 것이다. 서(恕)는 남에 대한 배려이고 남에
대한 이해이며, 적극적으로 남과 소통하는 마음이다. 소통
은 '소통하라'고 하는 것이 아니고, 내가 먼저 말없이 그에게
다가가는 것이다. 소통하라고 하면 이미 불통이다. 부모가
자식의 마음을 먼저 이해하고 다가가야 소통이 되지, 말해
보라고 다그치기만 하면 불통의 장벽만 더 생길 뿐이다.

대중이 좋아하더라도 반드시 살펴라

공자는 말씀하였네
"대중이 싫어하더라도 반드시 살피고
대중이 좋아하더라도 반드시 살피라"

맹자는 이를 더 구체적으로 말하여
"측근들이 모두 훌륭하다고 해도 받아들이지 말고
대신들이 모두 훌륭하다고 해도 받아들이지 말고
나라 사람들이 모두 훌륭하다고 말한 뒤에
그가 훌륭한가를 직접 살펴보고서
그의 훌륭한 점을 직접 확인한 뒤에
그를 등용하여야 합니다"

맹자는 인재등용뿐만 아니라
사람을 내칠 적에도
사람을 벌할 적에도
이렇게 하기를 주문하였네

측근이나 대신의 말보다는
국민대중의 뜻을 따르되
임금이 직접 살피고 확인해야
적임자를 뽑아 맡길 수 있네

공자는 말씀하였네
'사적인 마음이 조금도 없는 인자(仁者)만이
남을 좋아할 수 있고 남을 미워할 수 있다'고
인(仁)은 바로 공정(公正)이니
마음에 털끝만큼이라도 사심이 있으면
그런 사람은 공정을 논할 수 없네

「해설」 공자가 말씀하기를 "대중이 그를 미워해도 반드시 살피며, 대중이 그를 좋아해도 반드시 그를 살펴야 한다."라고 하였다.[子曰 衆惡之 必察焉 衆好之 必察焉](『논어』「위령공」 제27장)

　　　우리 시대에 난무하는 말이 공정(公正)이다. 누구나 자기가 공정한 것처럼 말하며 남을 불공정한 것처럼 말한다. 특히 정치인이 그런 말을 많이 한다. 그러나 냉정한 시각으로 바라보면, 그 사람도 공정하다고 볼 수 없다. 공정은 조금도 사심이 없는 공자 같은 인자(仁者)라야 입에 올릴 수 있다. 그러니 아전인수로 국민대중을 나의 편이라 착각하여 함부로 공정을 입에 올리지 말아야 한다. 요즘 정치인은 한 사람도 공정한 사람이 없다. 자기 스스로 공정하다고 착각하고 있을 뿐이다.

허물이 있는데도 고치지 않는 것이
바로 허물이다

공자의 말씀 어느 하나도 버릴 것이 없지만
한 마디로 정신을 번쩍 들게 하는 것이
'허물이 있는데도 고치지 않는 것이
바로 허물이다'라는 말씀

잘못을 저지르고서도
뻔뻔하게 우기는 자는
말할 것도 못 되고
잘못을 저지르고서
온갖 핑계를 대는 사람
세상에 참으로 많구나

허물을 고치는 일
덕을 닦는 것보다
더 어려우니
잘못을 저지르고서도
입을 굳게 다무는 사람
얼마나 많던가

공자 문하 제자들은
허물을 고치는 데 용감했으니

자로는 남이 허물을 말해주면 기뻐했고
안연은 같은 잘못을 반복하지 않았다네

그러나 이 두 사람 외에는
허물을 고치는 데 용감하지 않아
공자는 누차 말씀을 하였네
'허물이 있으면 고치기를 꺼리지 말라'고

「해설」　공자가 말씀하기를 '잘못을 저지르고서도 고치지 않는 것, 이것을 잘못이라고 한다."라고 하였다.[子曰 過而 不改 是謂過矣](『논어』 「위령공」 제29장)

　　　　허물을 고치는 데 용감했던 자로(子路)는 후대에 '백 세의 스승이 될 만한 인물'이라고 극찬을 받았다. 『논어』에 보이는 자로의 모습은 공자로부터 꾸지람을 많이 받은 인물처럼 보인다. 그러나 그는 정직했고 용기가 있었으며, 허물을 고치는 데 용감하였다. 그러니 자로는 인류의 스승이 될 만한 훌륭한 인물이라 하겠다. 우리 시대 정치인들은 잘못을 인정하려 하지 않고 남들의 잘못만을 찾아내 벌하려 하고 있으니, '허물이 있는데도 고치지 않는 사람'이라고 하겠다.

나에게 유익한 세 가지 벗함

벗은
나를 북돋아주고
나를 질책하는 사람
벗하는 데에
유익한 세 가지가 있고
손해되는 세 가지가 있네

공자는 말씀하였지
'정직한 이를 벗하고
진실한 이를 벗하고
들은 것이 많은 이를 벗하면
유익하다'고

공자는 또 말씀하였네
'겉모습은 점잖지만 정직하지 않은 이를 벗하고
아첨을 잘하고 진실하지 않은 이를 벗하고
말만 잘하고 견문이 없는 이를 벗하면
손해가 된다'고

벗은 나를 정화시켜주는 사람이니
벗을 사귀는 일 어찌 소홀히 하리
벗은 또한 영원한 존재가 아니니

뜻이 같지 않으면 단절해야 하네

「**해설**」　공자가 말씀하기를 "도움이 되는 세 가지 벗함, 손해가 되는 세 가지 벗함이 있다. 정직한 이를 벗하고, 진실한 이를 벗하고, 견문이 많은 이를 벗하면 도움이 된다. 겉모습만 점잖고 속마음이 정직하지 못한 사람을 벗하고, 아첨을 잘하고 진실하지 않은 사람을 벗하고, 말만 잘하고 견문이 없는 사람을 벗하면 손해가 된다."라고 하였다.[孔子曰 益者三友 損者三友 友直 友諒 友多聞 益矣 友便辟 友善柔 友便佞 損矣](『논어』「계씨(季氏)」제4장)

　　　　우리는 '벗'보다는 '친구'라는 말이 더 익숙하다. '친구'란 '옛날부터 사귄 벗'을 뜻한다. 벗을 의미하는 우(友)는 붕우(朋友)에서 나온 것으로 동지자(同志者)를 의미한다. 그러니 글공부를 하는 사람에게 술동무는 동지자가 아니다. 벗은 그 사람의 덕을 벗하는 것이지, 그 사람의 신분이나 지위나 명예를 벗하는 것이 아니다. 그래서 벗은 나의 덕을 북돋아주는 유익한 존재인 것이다.

나에게 유익한 세 가지 좋아함

나에게 유익한
세 가지 좋아함이 있으니
예악을 절도 있게 하길 좋아하고
남의 선을 말하기를 좋아하고
어진 벗이 많기를 좋아하면
나에게 유익하고

나에게 손해되는
세 가지 좋아함이 있으니
교만하게 즐기기를 좋아하고
안일하게 노닐기를 좋아하고
편안하게 놀기를 좋아하면
나에게 손해가 되네

교만하게 즐기면
방자해져서 절도를 모르고
안일하게 노닐면
나태해져서 선을 듣지 않고
편안하게 놀면
음탕해져서 소인을 가까이 하네

교만과 안일과 편안을 좋아하면

방자하고 나태하고 음탕해져서
다시는 돌아올 수 없는
그 강을 건너고 마네

「해설」　공자가 말씀하기를 "도움이 되는 세 가지 좋아함과 손해가 되는 세 가지 좋아함이 있다. 예악을 절도 있게 하기를 좋아하며, 남의 선을 말하기를 좋아하며, 어진 벗이 많기를 좋아하면 나에게 도움이 되고, 교만하게 즐기기를 좋아하고, 안일하게 노닐기를 좋아하고, 편안하게 놀기를 좋아하면 나에게 손해가 된다."라고 하였다.[孔子曰 益者三樂 損者三樂 樂節禮樂 樂道人之善 樂多賢友 益矣 樂驕樂 樂佚遊 樂宴樂 損矣](『논어』「계씨」제5장)

　　　　사람은 누구나 편안하고 안일하고 향락을 원한다. 그러나 그런 데에 빠지게 되면 결국 자신을 망치고, 집안을 망하게 하고, 나라를 잃게 된다. 매일 자신을 경계하고 절제하지 않으면 안일해지고 싶은 마음이 스며드니, 하늘이 내려다보고 있다는 긴장감으로 두려워하며 경계하지 않으면 자신도 모르는 사이에 그런 데로 빠져들게 된다.

군자를 모실 때의 세 가지 허물

사람의 과오 중에
가장 많은 것이 실언(失言)
군자를 모실 때의 세 가지 실언을
공자는 이렇게 말씀하였네
"말할 때가 아닌데 말하는 것을
조급함[躁]이라 하고
말할 때인데 말하지 않는 것을
숨김[隱]이라 하고
군자의 안색을 살피지 않고 말하는 것을
소경[瞽]과 같다고 하네"

어른을 모시고 말할 적에는
말을 해야 할 때에는
분명히 말하고
말하지 않아야 할 때에는
아무 말도 하지 않고
꼭 말을 해야 한다면
안색을 살펴보고 나서
신중히 말을 해야 하네

「**해설**」 공자가 말씀하기를 "군자를 모시고 있을 때 세 가지 허물이 있으니, 말이 자기에게 미치지 않았는데 말하는 것을 조급함이라 하고, 말이 자기에게 미쳤는데 말하지 않는 것을 숨김이라 하고, 안색을 살펴보지 않고 말하는 것을 소경이라 하네."라고 하였다.[孔子曰 侍於君子 有三愆 言未及之而言 謂之躁 言及之而不言 謂之隱 未見顏色而言 謂之瞽](『논어』 「계씨」 제6장)

　　　스승이나 지위가 높은 사람과 대화를 할 적에는 말을 하지 않아야 할 시점에는 말을 하고 싶어도 하지 말며, 말을 해야 할 시점에는 분명하게 자신의 의사를 표현하고, 말을 꼭 해야 할 경우에는 안색을 살펴보고 받아들일 수 있는 분위기를 파악한 뒤에 신중하게 말을 해야 한다. 그렇지 않고 함부로 아무 때나 말을 하게 되면 득은 없고 실이 많게 된다. 사람의 실수 중에 입으로 하는 실언의 실수가 가장 많다.

군자는 세 가지 경계할 것이 있다

사람은 언제 어디서나
조심하고 경계해야 하니
그렇지 않으면 한 순간
잘못을 저지르게 되네

공자는 말씀하였지
'젊었을 적에는 혈기가 안정되지 않아
경계할 일이 여색에 있고
장성해서는 혈기가 한창 강한지라
경계할 일이 싸움에 있고
늙어서는 혈기가 노쇠한지라
경계할 일이 물욕에 있다'고

성인이나 범인이나
모두 혈기가 있지만
성인에게는 또
지기(志氣)가 있네

심지를 굳건히 유지하고서
의(義)를 모아 호연지기를 길러야
혈기에 동요되지 않는
굳센 지기가 생기네

「**해설**」　공자가 말씀하기를 "군자에게는 세 가지 경계할 것이 있으니, 젊었을 적에는 혈기가 안정되지 않은지라 경계할 것이 여색에 있고, 장성해서는 혈기가 한창 강한지라 경계할 것이 남과 다투는 데 있고, 늙어서는 혈기가 이미 쇠한지라 경계할 것이 재물을 얻는 데 있다."라고 하였다. [孔子曰 君子有三戒 少之時 血氣未定 戒之在色 及其壯也 血氣方剛 戒之在鬪 及其老也 血氣旣衰 戒之在得](『논어』「계씨」제7장)

성욕, 승부욕, 물욕은 누구나 넘기 힘든 가장 어려운 관문이다. 이성이든 명예든 재물이든 그것에만 집착하면 그보다 더 중요한 것을 잃게 된다. 또한 이 세 가지를 취한다고 해서 결코 만족하거나 행복해지지 않는다. 이 가운데 성욕은 그 누구도 피해 가기 어려운 가장 극복하기 어려운 관문이다. 이 관문의 경계를 느슨하게 하다가 큰 코를 다친 사람들이 수없이 많다. 그러니 죽을 때까지 이 관문은 삼엄하게 경계를 해야 한다. 조식(曺植) 선생은 제자들에게 늘 이 관문을 뚫고 나가기가 가장 어렵다고 말씀하였다.

군자는 세 가지 두려워할 일이 있다

군자는 세 가지를 두려워하니
천명(天命)을 두려워하고
대인(大人)을 두려워하고
성인(聖人)의 말씀을 두려워한다

소인은 이와 반대로
천명을 알지 못해 두려워하지 않고
대인을 함부로 대하며
성인의 말씀을 업신여긴다

천명은 하늘이 부여한 바른 이치
바른 이치는 바른 길과 같으니
그 길을 따라가면 안전하지만
그 길을 벗어나면 사고가 나네
대인은 바른 이치를 따르는 사람이고
성인은 바른 이치를 말씀하신 분

하늘은 늘 바른 길을 가라 하니
그 소리를 귀 기울여 들어야 하네

소인은 그 소리를 듣지 못해
천명을 두려워하지 않고

대인도 두려워하지 않고
성인의 말씀도 무시하네

「**해설**」　공자가 말씀하기를 "군자는 세 가지 두려워함이 있
으니, 천명을 두려워하고, 대인을 두려워하고, 성인의 말
씀을 두려워한다. 소인은 천명을 알지 못하여 두려워하지
않고, 대인을 함부로 대하며, 성인의 말씀을 업신여긴다."
라고 하였다.[孔子曰 君子有三畏 畏天命 畏大人 畏聖人之言 小
人不知天命而不畏也 狎大人 侮聖人之言](『논어』「계씨」제8장)
　　　'외(畏)'는 공포에 떠는 두려움이 아니고 스스로 갖
는 긴장감이다. 하늘을 공경하고 사람을 사랑한다는 '경천
애인(敬天愛人)'의 경천(敬天)은 하늘이 나를 내려다보고 있
으니 공경한 마음으로 하늘을 우러르며 긴장감을 느슨하게
하지 않는 것이다. 현대인들은 하늘을 우러르지 않기 때문
에 하늘을 공경하지 않아 긴장감이 없다. 그래서 함부로
말하고 함부로 행동한다. 그러나 CCTV가 어딘가에서 나를
촬영하고 있듯이, 하늘은 늘 나를 내려다보고 있다고 생각
하면 어찌 두렵지 않으랴. 이런 생각을 해야 착하게 살고,
나쁜 짓을 안 하고, 사람답게 살 수 있다. 지금도 여전히
하늘은 늘 나를 내려다보고 있다.

군자가 지녀야 할 아홉 가지 사유

군자에게는 아홉 가지 사유가 있네
눈으로 볼 적에는 밝게 보길 사유하고
귀로 들을 적에는 총명하길 사유하고
안색은 온화하게 하길 사유하고
용모는 공손하길 사유하고
말은 진실하길 사유하고
일은 공경히 행하길 사유하고
의문이 들면 묻기를 사유하고
분노가 일면 그 뒤의 난처함을 사유하고
재물을 얻을 적에는 의로운지 사유하네

사유[思]는
농부의 마음이 늘 밭에 가 있듯이
마음이 늘 대상에 가 있는 것

생각[念]은
마음속에 떠오르는 것이지만
사유는
마음이 늘 거기에 가 있는 것
그래서 늘 자신을 성찰하며
아홉 가지에 마음을 두는 것

「해설」 공자가 말씀하기를 "군자는 아홉 가지 사유가 있으니, 귀로 들을 적에는 총명하길 사유하고, 안색은 온화하게 하길 사유하고, 용모는 공손하길 사유하고, 말은 진실하길 사유하고, 일은 공경히 행하길 사유하고, 의문이 들면 묻기를 사유하고, 분노가 일면 그 뒤의 난처함을 사유하고, 재물을 얻을 적에는 의로운지 사유하네."라고 하였다.[孔子曰 君子有九思 視思明 聽思聰 色思溫 貌思恭 言思忠 事思敬 疑思問 忿思難 見得思義](『논어』 「계씨」 제10장)

사(思)는 심(心)이 밭[田]에 가 있는 것으로, '농부가 밭에 씨를 뿌리고서 싹이 잘 자라는지를 한시도 잊지 않고 마음을 둔다'는 뜻으로 만들어진 글자이다. 즉 마음이 늘 대상에 가 있는 것이다. 그러므로 이 글자는 '그리워하다'는 '사모(思慕)'의 의미로도 쓰인다. 마음은 감각기관을 통해 사물을 인식하는데, 감각기관을 통해 의사표현을 할 적에 감정에 휩쓸리지 않기 위해서는 마음이 늘 중심을 잡고 이런 사유를 해야 한다. 그렇지 않고 내버려두면 욕망이나 감정에 끌려 한 순간 중심을 잃게 된다.

한 가지를 물어 세 가지를 얻어듣다

진강(陳亢)이 공자의 아들 공리(孔鯉)에게
"당신은 선생에게 특별히 배운 것이 있느냐"고 묻자,
공리는 그런 것이 없다고 하면서 이렇게 말했다
"선생(공자)께서 홀로 서 계실 적에
내가 그 앞을 지나가는데
선생이 '너는 시(詩)를 배웠느냐'고 물어
'저는 아직 시를 배우지 못했습니다'라고 했더니
'시를 배우지 않으면 말을 잘 할 수가 없다'고 하셔서
물러나 시를 배웠고
훗날 또 선생이 홀로 서 계실 적에
내가 그 앞을 지나가자
선생이 '너는 예(禮)를 배웠느냐'고 물어
'저는 아직 예를 배우지 못했습니다'라고 했더니
'예를 배우지 않으면 자신을 세울 수 없다'고 하셔서
물러나 예를 배웠네
나는 이 두 가지만 들었을 뿐이네"

진강이 물러나 기뻐하며 말하였다
"나는 한 가지를 물어 세 가지를 얻어 들었네
시를 배워야 함을 듣고
예를 배워야 함을 듣고
군자는 자식을 편애하지 않음을 들었네"

오늘날 세상에는
자식을 위해 공동저자가 되고
자식을 위해 특별과외를 하는
이상한 사람들이 꽤 많다

「해설」 이는 『논어』 「계씨」 제13장을 읽은 소감이다.

　　　　예전에는 가정교육을 제대로 시키는 집안을 '시례지가(詩禮之家)'라고 하였다. 즉 일상 속에서 집안의 부형(父兄)으로부터 사람답게 사는 법을 배우는 집안을 일컫는 말이다. 가정교육이라고 하면 자식을 붙잡아 놓고 직접 가르치는 것으로 오해하기 쉬운데, 여기서 말하는 가정교육은 『시경』의 시를 배워야 한다는 가르침, 『예경』의 예를 배워야 한다는 가르침을 지칭한다. 그리고 그것을 배우고 익히는 것은 본인이 스스로 해야 할 몫이다. 마치 좋은 책을 권해주며 이 책을 읽어보라고 하는 것과 같다. 가정교육은 학교교육, 사회교육 못지않게 중요한 교육임을 잊어서는 안 된다. 반듯한 사람은 반드시 훌륭한 가정교육을 받은 것이 있다.

본성은 서로 가깝지만 습관에 따라
서로 멀어진다

사람은
타고난 본성은 모두가 같고
타고난 기질은 청탁의 차이가 있다
그러나 태어난 초기에는
그것도 큰 차이가 없다

다만 습관에 따라
선을 익히고
선을 행한 사람은
늘 선하고
악을 익히고
악을 행한 사람은
늘 악하게 되어
서로의 거리가
멀어지게 된다

좋은 습관은
인격을 만들고
나쁜 습관은
악행을 낳으니
기질을 변화하는 것이

공부의 핵심이다

「해설」 공자가 말씀하기를 "성품은 서로 근사하지만, 습관에 따라 서로의 거리가 멀어진다."라고 하였다.[子曰 性相近也 習相遠也](『논어』「양화(陽貨)」제2장)

　　타고난 본성은 모두 같다고 한다. 다만 타고난 기질에 약간의 차이가 있을 뿐이다. 그래서 공자는 이 기질지성(氣質之性)까지 포함하여 서로의 차이가 크지 않고 근사하다고 한 것이다. 태어날 적에는 이처럼 출발점이 서로 근사하다. 그런데 성장하면서 어떤 습관으로 어떤 지향을 하느냐에 따라 성인도 되고, 극악무도한 사람도 된다. '나는 ○○○처럼 될 거야.'라는 꿈을 갖고 그처럼 되고자 본받고 따라하며 길들이면 꼭 그 사람처럼 되지는 못할지라도 그 사람에 가까워질 수는 있다. 그러니 습관은 어려서부터 길들이는 것이 매우 중요하다.

인을 실천하는 다섯 가지 조목

자장(子張)이 인(仁)을 묻자
공자는 인을 실천하는 조목
다섯 가지를 말씀하였다
"내가 공손[恭]하면
남들이 나를 업신여기지 않고
내가 관대[寬]하면
대중의 마음을 얻고
내가 신의[信] 있으면
남들이 나에게 의지하고
내가 민첩[敏]하면
공을 세우게 되고
내가 은혜[惠]를 베풀면
남을 넉넉히 부릴 수 있네"

공손, 관대, 신의, 민첩, 은혜
이 다섯 가지는
바로 인을 실천하는
구체적인 행동강령이다

「**해설**」 자장이 공자에게 인을 묻자, 공자가 말씀하기를 "이 세상에서 아래 다섯 가지를 능히 행하면 인을 실천하는 것이다."라고 하니, 자장이 "그 조목을 청해 묻습니다."라고 하여, 공자가 "공손하고 관대하고 신의 있고 민첩하고 은혜로운 것이다. 공손하면 남이 나를 업신여기지 않고, 관대하면 대중의 마음을 얻고, 신의가 있으면 남들이 나에게 의지하고, 민첩하면 공을 세우고, 은혜를 베풀면 남을 넉넉히 부릴 수 있다."라고 하였다.[子張問仁於孔子 孔子曰 能行五者於天下 爲仁矣 請問之 曰 恭寬信敏惠 恭則不侮 寬則得衆 信則人任焉 敏則有功 惠則足以使人](『논어』 「양화」 제6장)

　　　공자는 '인(仁)은 이런 것이다.'라고 말하지 않았다. 단지 인으로 나아갈 수 있는 길, 인을 실천하는 방법 등을 그때그때 일러주었을 뿐이다. 사람의 마음속에는 인의예지신의 본성이 있지만, 그것은 실체로서 마음속에 존재하는 것이 아니다. 그래서 마음이 발할 적에 드러나는 단서를 통해 그것을 인지할 수 있을 뿐이다. 공손하고, 관대하고, 신의 있고, 민첩하고, 은혜로운 이 다섯 가지는 바로 인의예지신의 마음이 발로되어 나온 것이다. 그러므로 인을 실천하는 방법이라고 한 것이다.

시를 배우면

시(詩)는 민간의 노래와 조정의 일로
남녀의 애틋한 사랑은 물론
다양한 인간사를 노래하고 있어
인정에 핍진하지 않은 것이 없다

공자는 시의 효용을 이렇게 말했다
"시를 배우면 권선징악의 마음을 일으킬 수 있고
역사의 잘잘못을 살필 수 있고
두루 화목하며 치우치지 않을 수 있고
원망하되 노하지 않을 수 있고
가까이는 부모를 섬길 수 있고
멀리는 임금을 섬길 수 있고
조수(鳥獸)와 초목의 이름을 많이 알게 된다"

공자는 또 말씀했네
"시 삼백 편을 외우되
정치를 맡겼을 때 통달하지 못하거나
사신으로 가서 독자적으로 대응하지 못하면
많이 외운들 무슨 소용이 있겠는가"

공자는 또 말씀했네
"주남(周南)과 소남(召南)의 시를 배우지 않으면

담장을 마주하고 서 있는 것처럼
깜깜하여 한 걸음도 나아갈 수 없다"

시를 배우면
'나'라는 존재를 알게 되고
인간 세상의 일을 알게 되고
자연의 이치를 알 수 있네

「**해설**」 이는 『논어』 「양화」 제9장과 「자로」 제5장과 「양
화」 제10장을 읽은 소감이다.

옛날에는 『시경』의 시가 노래였다. 『시경』의 국풍
(國風)은 민간가요를 채집해서 정리해 놓은 것이고, 아(雅)
는 관료들이 조정에서 노래한 관각문학이며, 송(頌)은 종묘
제사에 쓰던 음악이다. 특히 풍(風)은 민간가요이기 때문에
민간의 정서를 잘 대변하고 있다. 또 당시에는 시가 대중가
요처럼 불려 민간인들도 다 알고 있었기 때문에 일상에서
정서를 비유적으로 드러내는 데 쓰였다. 그러므로 시를 배
우지 않으면 일상생활 속에서 문화적인 향유를 할 수가 없
었다. 그 때문에 교육의 주요 교과목이 된 것이다.

예악의 본말

"'이것이 예이다' '이것이 예이다'라고 말하지만
그것이 옥백(玉帛)을 받드는 예절을 말하는 것이겠는가"
"'이것이 음악이다' '이것이 음악이다'라고 말하지만
그것이 종고(鐘鼓)를 치는 법을 말하는 것이겠는가"

옥백을 받드는 예절과
종고를 치는 법은
말단적인 것이니
예와 악의 본질을 찾으라는 말씀

옥백을 받드는 예절이 말단이면
예의 본질은 무엇일까
종고를 치는 법이 말단이면
음악의 본질은 무엇일까

공경한 마음으로 옥백을 받들어야
진정한 예가 되고
조화로운 마음으로 종고를 쳐야
진정한 음악이 되니
본질을 모르고
말단만 일삼으면
진정한 예악이 아니리

「**해설**」 공자가 말씀하기를 "'예에 이렇게 말했다. 예에 이렇게 말했다'고 하지만 그것이 옥백을 받드는 구체적인 예절을 말한 것이겠는가? '음악에 이렇게 말했다. 음악에 이렇게 말했다'고 하지만 그것이 종고를 치는 구체적 법도를 말한 것이겠는가?"라고 하였다.[子曰 禮云禮云 玉帛云乎哉 樂云樂云 鐘鼓云乎哉](『논어』「양화」제11장)

　　　예악문물제도가 완비되면 사람들은 그 제도의 규율에 얽매이게 된다. 그래서 음악을 연주할 적에 '종은 이렇게 쳐야 하고, 북은 이렇게 두드려야 한다.'는 식으로 규범화된다. 그렇게 세세한 곡절에 얽매이게 되면 정작 음악의 본질이 여러 악기의 조화로운 연주를 통해 인간의 성정을 화락하게 하는 데 있다는 것을 잊게 되며, 오로지 세부적인 절차에만 연연하게 된다. 예도 마찬가지이다. '절은 이렇게 해야 한다.'는 식으로 규격화하면 그 외의 것을 인정하지 않고 정답과 오답으로 구분해 버린다. 그래서 공자는 세부적인 절차에 구속되지 말고 그 본질을 보라고 가르친 것이다. 우리는 정답을 찾는 것만 배워서 본질을 찾는 데 매우 서툴다.

향원鄕愿

공자는 향원을 특별히 미워하여
'내 집 앞을 지나면서 들어오지 않더라도
유감스럽게 여기지 않을 사람은 향원뿐이니
향원은 덕을 해치는 자이네'라고 하였네

맹자는 향원에 대해 이렇게 말했다
"그를 비난하려 해도 거론할 것이 없고
그를 풍자하려 해도 풍자할 것이 없어
유행하는 세속에 동화되고
오염된 속세에 합류하여
마음가짐이 충신(忠信)한 듯하고
행실은 청렴(淸廉)한 듯하여
대중이 모두 기뻐하면 스스로 옳다고 여기되
요순의 도에 들어갈 수 없는 사람이기에
공자가 덕을 해치는 자라고 하셨네"

공자는 향원을 사이비(似而非)라 하였으니
겉으로 보면 덕이 있는 듯하지만
내면을 들여다보면 전혀 덕이 없어
도리어 덕을 어지럽히기 때문

점잖기만 하고 덕이 없으면 바로 향원

자신을 향원이라고 하는 사람은 없지만
이 세상 도처에 향원이 널려 있네
두렵지 아니한가
누군가의 눈에는
내가 향원으로 보이는 것이

「**해설**」　공자가 말씀하기를 "향원은 덕을 해치는 자이다."
라고 하였다.[子曰 鄕愿 德之賊也](『논어』「양화」제13장)

　　향원은 겉으로 점잖고 의젓하며, 많이 알고 유식한
사람이다. 그래서 주변 사람들로부터 칭송을 듣는다. 그러
나 그의 내면을 들여다보면 도를 구해 성현처럼 되기를 지
향하는 마음이 없고, 남들에게 인정을 받거나 남을 이기려
하는 마음이 있다. 그래서 공자가 덕을 해치는 자라고 혹평
을 한 것이고, 맹자는 사이비(似而非)로 규정한 것이다. 세
상에는 늘 이런 가짜들이 많고 가짜들이 대접을 받는다.
진짜는 자신을 드러내려 하지 않기 때문에 잘 보이지 않는
다. 진실한 마음으로 구도의 길을 가지 않고 자신을 드러내
려 하면 바로 향원이 되고 사이비가 된다.

길에서 듣고 길에서 말하면 덕을 버리는 것이다

덕(德)은
하늘이 부여한 것을 얻은 것이고
내가 이치를 깨달아 얻은 것이다

길가는 사람들이 하는 말을 듣고서
그 말을 다른 사람에게 옮기는 것
그것을 도청도설(道聽塗說)이라 하니
귀로 듣고 입으로 하여
깨달아 얻은 것이 없는 것이다

깨달아 얻은 것이 없으면
그것은 빈껍데기에 불과하니
빈 깡통이 요란한 소리를 내듯
빈껍데기는 소란스러운 법이다

뉴스를 퍼 나르는 사람들은
도청도설하는 것이다
깨달아 얻은 것이 없으니
남의 말에 부화뇌동하는 것이다

성현의 글을 읽지 않으니
사람다운 도리를 모르고

이치를 깨달은 것이 없으니
도청도설이 난무하는 것이다

「**해설**」　공자가 말씀하기를 "길가에 듣고 길가에서 말하면 덕을 버리는 것이다."라고 하였다.[子曰 道聽而塗說 德之棄也](『논어』「양화」제14장)

　　　　도청도설은 뉴스를 퍼 나르는 것이다. 스마트시대에 스마트폰이라는 것이 나오고, 나쁜 의도를 갖고 가짜뉴스를 생산하는 사람들이 이를 이용해 세상을 어지럽히고 있다. 그런데 그런 사람만큼이나 또 나쁜 사람이 가짜뉴스를 퍼 나르는 사람이고, 가짜뉴스를 보고 동조하여 '좋아요'를 누르는 사람이다. 공자가 이런 사람들을 보셨다면 세상을 어지럽히는 존재라고 나무라셨을 것이다. 가짜뉴스나 퍼 나르면서 살면 세상을 어지럽힘은 물론 자신의 내면까지 황폐하게 한다. 왜냐하면 진실을 외면하고 바로 보지 못하기 때문이다. 진실을 정면으로 대하고서 자신을 들여다보는 눈이 있어야 덕으로 나아갈 수 있다. 가짜뉴스나 퍼 나르며 살면 그 인생은 거기에서 끝이다.

공자가 미워한 사람

공자는
남의 나쁜 점을 말하는 자를
미워하였고
아래 자리에서 상관을 비방하는 자를
미워하였고
용기만 있고 예의가 없는 자를
미워하였고
과감하기만 하고 꽉 막힌 자를
미워하였다

용기만 있고 예의가 없으면
난을 일으키고
과감하기만 하고 꽉 막히면
멋대로 행동하기에
공자는 이런 사람들을
몹시 미워하였다

나도 미워하는 것이 있으니
향원 같은 사이비를 미워하고
가짜뉴스를 퍼뜨리는 자를 미워하고
잘못을 인정하지 않는 자를 미워하네

「**해설**」 자공이 묻기를 "군자도 미워하는 것이 있습니까?"라고 하니, 공자가 말씀하기를 "미워하는 점이 있다. 나는 남의 악을 일컫는 자를 미워하며, 아래 자리에 있으면서 윗사람을 비방하는 자를 미워하며, 과감하기만 하고 꽉 막힌 자를 미워한다."라고 하였다.[子貢曰 君子亦有惡乎 子曰 有惡 惡稱人之惡者 惡居下流而訕上者 惡勇而無禮者 惡果敢而窒者] (『논어』「양화」제24장)

성인은 남을 미워하지 않을 것 같다. 그러나 성인은 공적으로는 남을 미워하고, 남에게 노여움을 갖기도 한다. 다만 사심이 전혀 없는 것이 다를 뿐이다. 내 마음이 공정하다면 세상을 어지럽히는 사람을 미워하고 비판하며 분노해야 한다. 못 본 척하고 그냥 지나쳐서는 안 된다. 그러면 방관자가 되어 악행을 일삼는 자를 동조하는 꼴이 된다.

나이 마흔에 미움을 받으면 끝이다

마흔 살은
불혹(不惑)의 나이
불혹은
덕이 확립되어
남의 말에 흔들리지 않는 것

나이 마흔이 되어서도
남에게 미움을 받으면
삶의 이치를 깨달아
얻은 것이 없는 것

그런 사람은
개과천선할 수 없어
그 상태에서 더
나아갈 수 없으니
그의 인생은
거기서 끝난 것

「**해설**」 공자가 말씀하기를 "나이 40세가 되었는데도 남에게 미움을 받으면 그의 인생은 끝이다."라고 하였다.[子曰 年四十而見惡焉 其終也已](『논어』「양화」제26장)

공자는 40세에 남의 말에 의혹되지 않았다고 하였다. 이 말은 자신의 도덕적 주체성이 뚜렷하게 정립되었다는 말이다. 맹자는 40세에 마음을 움직이지 않는 부동심(不動心)을 하였다고 하였으니, 불혹과 유사한 말이다. 이 나이가 되어서도 남에게 미움을 받는 사람이라면 그는 마음에 도덕적 주체의식이 정립되지 않은 사람이다. 그러니 그의 인생은 더 이상 희망적인 것이 없다. 이 말은 그런 사람은 인생을 헛되이 살고 그런 상태로 끝이 날 것이니 삶의 의미가 없다는 말이다. 미움을 받는 것은 공정과 상식에 어긋나기 때문이다.

절실히 묻고 가까이 사유하라

공자 문하에서
시를 잘한 자하(子夏)는
공자의 도를 꿰뚫어 알아
이렇게 말했다
"널리 배우고 심지를 돈독히 하며
절실히 묻고 가까이서 사유하면
인(仁)이 그런 가운데 있을 것이다"

자하의 이 말씀
참으로 훌륭하네
널리 배우지 않으면
지키는 것이 요약될 수 없고
심지가 돈독하지 않으면
힘써 행할 수 없네

간절한 의문으로 캐물어서
올바른 이치를 확실히 알고
내 주변의 일에서 취하여
하나하나 검증해 나가면
마음이 밖으로 달아나지 않아
보존된 마음이 익숙해질 것이니
인이 절로 나에게 있게 되리

「**해설**」 자하가 말하기를 "널리 배우고 심지를 돈독히 하며, 절실히 묻고 가까이서 사유하면 인(仁)이 그런 가운데 있게 될 것이다."라고 하였다.[子夏曰 博學而篤志 切問而近思 仁在其中矣](『논어』「자장」제6장)

'널리 배우라'는 말은 처음 공부할 적에 한 가지 사상이나 이념에만 집착하지 말아야 한다는 뜻이고, '절실히 물으라'는 말은 피상적으로 알지 말고 간절한 마음으로 의문을 갖고 그 본지를 정확히 이해하라는 말이다. 그렇게 해야 올바로 이치를 알게 된다. 그러고 나서 의지를 굳고 독실하게 하여 흔들리지 말고, 가까운 일상 속에서 배운 것을 하나하나 돌이켜 검증하여 지식을 자기화하라는 말이다. 그런 공부과정을 통해 진실한 마음, 공정한 마음이 성립될 수 있다. 절실히 질문을 던지지 않으면 본지(本旨)를 꿰뚫어 알지 못하고, 일상의 가까운 데에서 돌이켜 검증하지 않으면 쓸모없는 책 속의 지식이 될 뿐이다.

최석기崔錫起

1954년 강원도 원주에서 출생하였다. 성균관대학교 한문교육과를 졸업하고 동 대학에서 문학석사, 문학박사 학위를 취득하였다. 민족문화추진회(현 한국고전번역원) 연수부와 상임연구원 과정을 졸업하고, 국역실 전문위원을 역임하였다. 1989년부터 2020년까지 경상국립대학교 인문대학 한문학과 교수로 재직하였으며, 남명학연구소장 등을 역임하였다. 학회활동으로는 한국경학학회 회장 등을 지냈다. 주전공은 한국경학으로『성호 이익의 학문정신과 시경학』,『한국경학가사전』,『대학도설』,『중용도설』,『조선시대 대학장구개정과 그에 대한 논변』,『한국경학의 연구 시각』등을 저술했다. 지역학 연구서로『남명학의 본질과 특색』,『남명 조식의 후학들』,『조선후기 경상우도의 학술동향』등이 있으며, 지리산과 산수문화를 연구해『지리산 두류산 방장산』,『지리산 화개동』,『지리산 덕산동』,『지리산 백무동』,『조선선비들의 답사일번지 원학동』,『선인들의 산수인식과 동천구곡문화』등을 저술하였다.

번역서로는『성호사설』,『대학』,『중용』,『정선 사서』,『남명집』,『선인들의 지리산 유람록』,『선인들의 지리산 기행시』,『이정전서』등이 있다.

칠십에 다시 논어를 읽으며

2023년 9월 7일 초판 1쇄 펴냄

지은이 최석기
펴낸이 김흥국
펴낸곳 보고사

책임편집 이경민
표지디자인 오동준

등록 1990년 12월 13일 제6-0429호
주소 경기도 파주시 회동길 337-15 보고사
전화 031-955-9797
팩스 02-922-6990
메일 bogosabooks@naver.com
http://www.bogosabooks.co.kr

ISBN 979-11-6587-532-9 03140
ⓒ 최석기, 2023

정가 16,000원